북배틀
Book Battle

지루한 책 읽기를 재미있게 만드는 새로운 방법
북배틀

초판 1쇄 발행 2009년 10월 30일

지은이 김명철
발행인 김명철
발행처 바른번역
기획 마케팅 이진이
편집 한혜영
표지 · 본문 디자인 나인플러스 02-747-1461
출판등록 2009년 9월 11일 제313-2009-200호
주소 서울 마포구 합정동 412-8 대웅빌딩 3층
문의전화 02-338-2180 **팩스** 02-338-2146

ISBN 978-89-963380-1-7

정가 12,000원
잘못된 책은 바꾸어 드립니다.

지루한 책 읽기를 재미있게 만드는 새로운 방법

북배틀
Book Battle

김명철 지음

왓북

지은이로부터 '북배틀' 강연을 들은 참석자들의 후기모음

독서계의 족집게 강의!

지난 6개월간 40여권의 책을 읽었으니, 바쁜 회사원으로써, 아이 둘 있는 엄마로써는 많이 읽은 편이라고 생각합니다. 그런데 뭔가? 아쉬움이 있었어요.. 순서 없이~ 의미 없이~ 활자를 눈으로 익히는 정도로 그친 거 같아서요. 그런데 머리에 남는 책이라는 주제로 강의가 있더라고요. 이거다~ 싶어 신청을 했습니다. 머리 휘날리며 가서 강의를 듣고 머리가 뭔가 흐르는 느낌이었습니다. 뇌에 뭐가 분비된 듯한 느낌~ 사고의 흐름 같은...

이 강의를 듣지 않았다면 두 권의 책을 비교하지도, 이렇게 심각하게 어느 편에 나의 의지가 있는지도 몰랐을 거고 그런 파악조차 하지 않았을 겁니다. 하지만 강의를 듣고 책을 읽자 글이 활자가 아니라~ 영상처럼 머리 속에 찍히는 기분이 들면서 그림이 되고 채색이 되면서 책의 윤곽과 작가의 의도가 보이고 스스로의 견해까지 꺼내게 되는 거 같습니다.

김정애

책 읽는 방법, 또 하나의 묵직한 강의

대표님이 소개해 주신 책을 잘 읽는 방법은 제게는 원 강의 못지않은 큰 '횡재' 였습니다. 같은 시간에 적어도 1.5배의 책은 더 깊게, 더 많이 읽을 수 있게 도와줄 것 같았거든요.

오늘 집에 들어가는 길에 서점에 들러서 주말에 읽을 책 두어 권을 고를까 하는데 대표님이 소개해 주신 방법을 적용할 처녀작(?) 생각에 실제로 가슴이 콩콩거립니다. 미니 홈피에 곧 '독서노트' 라는 폴더도 하나 생길 것 같구요.

생각했던 것 보다 훨씬 더 큰 것을 배우고 받았던 어제. 참가자들에게 맞는 언어와 수준으로 진정한 '눈높이 강의' 를 해 주셨던 대표님께 감사드립니다. 그것이 바로 김명철 대표님만의 실력이자 내공이 아닌가 생각합니다.

최두옥

고교생 딸에게도 추천하고 싶어요

오늘 김명철 대표님의 논리적이고 쉬운 예제와 주제를 파악하게 해주는 강의 참 좋았습니다. 개인적으로는 업무와 관련된 책들을 너무 욕심 내 많이 본다고 했건만, 실제 내용 정리나 요약이 제대로 되지 않았던 게 사실 입니다. 오늘 마지막에 알려주셨던 책의 목차를 자신이 새롭게 만들어 읽어 보라는 것, 제대로 배웠습니다^^

저는 책을 통해 저자나 현상에 대한 간접 경험을 배워 시행착오를 줄여가는 것이 책 읽는 목적 중 하나라 생각 합니다. 그런데 오늘 말씀해주신 키워드 "생각하는 힘을 기른다"는 말씀이 핵심인 듯싶습니다. 그리고 목차를 새롭게 정리해서 책을 제대로 읽는 습관을 기르는 것도 중요한 점이겠죠? 개인적으로는 논술 대비하는 고교생 딸에게 이 강의를 듣게 했다면 많은 도움이 되었으리라 생각 됩니다. 오늘 애쓰신 김대표님 좋은 강연 해주셔서 감사드립니다.

송희철

신선한 책읽기 방법!

기존의 책 읽는 법(?)에 대한 틀을 깨고 내게 신선하게 다가왔던 북배틀 시간. 극과 극을 치닫는 양 편 (양쪽 저자라고 해야 더 옳을까?)의 갑론을박을 지켜보는 것이 무척이나 흥미로웠다.

기존에 내가 책을 읽을 때는 주변인의 추천이나 많은 사람들에게 읽히고 있는 책을 무작정 골라서 얼마나 빨리 그 책을 읽어 내는가에 더 관심을 두었다면 앞으로의 독서는 한 가지 주제를 가지고 서로 상반된 의견을 가진 책 두 권을 골라 양쪽의 의견을 상호 비교해 가면서 버릴 것은 버리고 취할 것은 취할 수 있는데 더 관심을 가질 것이다.

유일영

책의 내용을 내 것으로 만드는 방법

저에게는 매우 좋은 기회였던 것 같습니다. 사실 책을 읽는 건 어렵지 않으나 책의 내용을 내 것으로 만드는 작업에 어려워하던 찰나, 김명철 대표님의 〈북배틀, 기억에 남는 책 읽기〉가 무척 도움이 되었습니다. 그리고 북배틀을 통해서 발견한 상반된 주장의 도서를 비교하며 읽는 것도 지루하지 않은 책읽기가 되지 않을까 합니다.

김준석

새로운 독서 노하우 발견

〈바른번역〉 대표이신 '김명철' 님께서 열변으로 1인 3역을 해주셔서 너무 재미있었습니다. 책을 왜 읽을까? 라는 질문에 아무런 대답도 못한 저 자신을 보며 책을 읽으며 왜? 읽는지 조차 생각하지 못하고 지낸 제게 명쾌한 답을 전해주셨습니다. 책은 '생각하는 힘' 을 기르기 위해 읽는다는 말씀에 99% 동의하게 되었습니다.

'현재의 나는 지금까지 해온 의사결정의 결과' 라는 좋은 말씀도 해주셨는데요. 그저 책을 많이 읽기만 하면 '생각하는 힘' 이 길러지는 것이 아니라 한 권의 책이라도 머리 속에 남기는 것이 더 중요하다는 말씀. 과연 저는 책을 다 읽고 내용이 조금이라도 남았었는지 다시금 뒤돌아 볼 수 있었던 시간이었습니다.

마지막으로 '김명철' 대표님의 독서법 노하우를 살짝 엿볼 수 있었는데 어제 시간 중 가장 유익한 정보를 얻은 것 같아 감사한 마음을 전하고 싶습니다.

손재호

생각하는 독서의 힘

이 시간을 통하여 독서를 하면서 책에 대한 관점의 변화를 가져야 생각하는 힘이 키워진다는 것을 발견하였습니다. 김명철 대표님이 말씀하시는 핵심은 "독서는 생각의 힘을 키우는 것이다."라는 것입니다. 생각의 힘은 그냥 읽고 감동하는 수준에서 끝나는 것이 아니라 주류와 비주류의 도서를 함께 읽으면서 사실에 근거한 논리적인 생각을 발견하고, 기존 도서의 목차를 독자 나름대로의 목차로 재발견함으로써 보다 빨리 핵심을 파악할 수 있다는 것입니다. 김명철 대표님께 감사드립니다.

신승식

엉킨 실타래가 풀리는 느낌

북배틀 강의는 처음 참석했는데, 이렇게 훌륭할 줄이야.

특정 주제에 대해서 대조되는 관점을 비교해보고, 통합적으로 사고할 수 있게 된 첫 계기가 된 것 같습니다. 그간 편협한 시각으로 한 권의 책을 읽고서, 왠지 모를 뿌듯함 만을 느껴왔던 지난 몇 달간이 굉장히 부끄럽게 느껴지더라고요.

김명철 대표님의 강의를 듣고 있으면, 엉킨 실타래가 풀리는 느낌도 들고, 뭔가 차곡차곡 흐트러짐 없이 쌓여지는 것 같기도 하구요. 뭐랄까.. 딱 아귀가 맞는 톱니바퀴 같다고나 할까요?

이렇게도 생각해보고, 저렇게도 생각해보고 말이죠. 독서를 하는 개인의 노하우도 알려주신 김명철 대표님. 정말 좋은 강의를 듣고 많이 배우고 갑니다. 감사합니다.

황준식

책의 내용이 정리되는 경험

여러 가지 사정으로 강의를 들으러 가야할지 망설였지만, 강의를 들으러 가길 정말 잘 했다는 생각이 듭니다. 저는 아웃라이어를 읽을 때 머리 속에서 맴맴 돌기만 했었는 데, 오늘 김명철 대표님의 강의를 들은 후, 집에 오자마자 저 나름의 목차를 만들고 아 웃라이어를 다시 읽기 시작했습니다. 강의를 통해서 정리를 한 효과도 있었겠지만, 예 전에 비해서 훨씬 수월하게 글이 읽혀졌습니다.

책은 좋아하지만 책만 읽으면 정리하지 못했던 저에게는 정말 유용한 강의였습니 다. 김명철 대표님이 가르쳐 주신 독서법대로 그동안 정리하지 못했던 책을 다시 읽어 야겠어요. 정말로 정말로 유익한 시간이었습니다.

김성미

CONTENTS

06 6단계 출력방법

머리에 남지 않는다면 다섯 수레의 책을 읽은 들 무슨 소용인가?

최근 삼성경제 연구소의 조사에 따르면 독서경영에 빠진 우리나라 CEO들은 점점 더 많은 시간을 독서에 할애하고 있으며, 독서량도 한 달 평균 3권에 달할 정도로 꾸준히 늘어나고 있다고 한다. 또 어느 유명인사는 인터뷰에서 자신의 성공비결은 일주일에 두세 권을 읽는 독서 덕분이었다고 말한다. 이러한 경향 때문인지, 서점에는 '~ 속독법'이니, '~ 리딩'이니 하는 책들이 1~2주일, 심지어 하루에 책 한 권씩 읽는 비법을 소개한다고 난리들이다. 그야말로 다독이 성공의 키워드가 된 세상인 듯싶다. 그도 그럴 것이 학습의 대부분이 독서로 이루어지며, 결국 남보다 많은 정보와 지식을 가진 사람이 더 많은 걸 차지할 수 있는 세상이기 때문이다.

하지만 부러워하거나 초조해할 필요는 없다. 대부분의 사람들이 책을 헛읽고 있기 때문이다. 분명히 책을 다 읽기는 했어도 머리에 남는 건 거의 없다. 아니, 책을 다 읽었다고 생각하지만 사실은 처음부터 책의 내용을 제대로 이해한 적도 없다. 때문에 책으로 읽은 지식을 실제로 활용하기란 요원하다. 읽어도(?) 머리에 남는 게 없는

데 어떻게 지식을 활용할 수 있겠는가?

　나는 직업상 수많은 책을 접한다. 그리고 여러 독서모임을 주관하고, 번역가 지망생들에게는 책을 빨리, 그리고 정확히 읽는 방법에 대해 가르치고 있다. 그런데 놀랍게도 거의 대부분의 사람들이 책을 다 읽고 나서도 책의 내용을 제대로 기억하지 못한다는 사실을 발견했다. 이건 번역가 지망생뿐만 아니라, 내가 주관하고 있는 독서모임의 참가자(비교적 책을 많이 본다는)들 거의 대부분이 그러하다.

　사실 우리는 책 읽는 방법을 제대로 배워본 적이 없다. '철수야, 영희야 놀자'와 같은 글 읽는 방법은 배웠어도 책을 읽는 방법은 배운 적이 없다. 때문에 글만 읽을 수 있으면 누구나 책을 읽을 수 있다는 생각은 오산이다. 사실 책은 읽는 것이 아니다. 발견하고 이해하는 것이다. 책이란 저자가 자신의 주장을 독자들에게 이해시켜 사회적 영향력을 행사하기 위한 목적으로 저술되는 것이다. 그런데 독자가 저자의 메시지를 제대로 발견하고 이를 이해하는 일이 생각처럼 쉽지가 않다. 글은 읽었으되 책을 읽었다고 말하기는 어려운 것이다.

그렇다면 책을 효과적으로 읽고 기억에 남겨 활용할 수도 있는 독서방법은 없을까? 사실 시중에는 효과적인 독서법을 알려주는 책이 많이 나와있다. 그런데 그런 책의 대부분이 '독서는 이러이러해야 한다' 는 교훈조의 설명이 대부분이라 아무리 내용이 좋아도 독자들의 머리에는 역시 잘 들어오지 않는다. 책 읽기를 도와주는 책을 읽는 것 조차 쉽지 않으니 어찌하면 좋을까? 나는 오랜 시간 책의 이해도를 높이는 방법을 고민한 끝에 결국 '북배틀' 이라는 다소 유치하지만 효과적인 방법을 고안해 냈다. 서로 반대되는 주장을 하는 저자들을 머릿속 가상의 공간으로 초대해 서로 논쟁을 벌이는 방식을 통해 책에 대한 이해도를 높이는 방식이다.

　'배틀' 이란 형식은 젊은이들의 새로운 문화코드이다. 춤으로 경쟁을 하는 '댄스배틀', 재미있는 말과 유머 솜씨를 겨루는 '토크배틀', 악기솜씨를 겨루는 '연주배틀' 등 경쟁에 오락적 요소를 도입해 긴장과 몰입을 유지하면서도 재미를 향상시킨다. 심지어 '하얀 거탑' 이라는 의학 드라마에서는 극중 장준혁(김명민분)과 노민국(차

인표분)간의 수술경쟁에 대해 젊은이들이 '수술배틀'이란 이름을 붙여놓고 흥미로워 했을 정도이니, 사람의 목숨이 왔다 갔다 하는 수술을 놓고 경박하다고 생각하는 어른들도 있을 법하다. 하지만 재능 있는 사람은 노력하는 사람을 당할 수 없고, 노력하는 사람은 즐기는 사람을 당할 수 없는 법이다. 기성세대의 죽자살자식의 경쟁은 젊은이들 사이에서는 '배틀'이란 이름으로 즐기는 개념으로 변화했다. 그렇다면 지루하고 엄숙하기만 한 책읽기 방법에도 '배틀'이란 즐기는 개념을 도입해보지 않을 이유가 뭐란 말인가?

사실 책이란 저자의 의견일 뿐 절대적인 진리를 담고 있는 건 아니다. 독자들이 적극적으로 반대되는 견해를 찾아서 병행해 읽고 가상의 '배틀'을 하게 되면 '생각하는' 독서의 힘은 더욱 효과를 발휘하게 된다. 실제로 나는 '북배틀'의 형식으로 번역가 지망생들은 물론이고, 직장인, CEO 독서모임 등에서 큰 효과를 보았다. 참가자들은 새로운 '북배틀' 형식 덕분에 책을 보다 효과적으로 읽고 기억할 수 있었으며 비판까지 할 수 있는 능력이 생겼다고 좋아했다. 모 기관에서 내가 처음에 단 몇 회 분량으로 진행하려 했던 북배틀 강연도 참가자들의 적극적인 요청으로 연중 운영되고 있다.

이 책은 그러한 성과를 바탕으로 독자들에게 새로운 책읽기의 형식을 소개하는데 목적이 있다. 나는 책 읽기의 궁극적인 목적은 '생각의 힘'을 키우는데 있다고 믿고 있으므로, 단순히 저자의 지식과 경험을 받아들이는데 그치지 않고 비평까지 할 수 있는 능력을 기르는 데는 북배틀이 더할 나위 없이 효과적인 방법임을 몸소 체험했다. 이 책은 '독서법은 이래야 한다' 는 식의 이론적인 접근법 대신 최근에 독자들이 읽어 봤음직한 책들을 선정하여 실례를 들어 보이는 형식을 취했다. 그런 방식이 머리 속에 훨씬 더 잘 들어오기 때문이다.

〈나쁜 사마리아인들〉, 〈경제학콘서트〉, 〈화폐전쟁〉, 〈아웃라이어〉, 〈시크릿〉, 〈만들어진 신〉, 〈설득의 심리학〉, 〈새로운 미래가 온다〉, 〈로마인 이야기〉 등 비교적 최근에 널리 읽혔던 책들을 통해 자신이 얼마나 정확히 읽었는지 확인도 해보고 자신에게 어울리는 새로운 독서형식을 스스로 만들어 나가길 바라는 마음이다.

이 책은 다섯 단계를 거쳐 북배틀에 이르는 과정을 설명하고 있다. 우선 1장에서는 그 동안 우리의 책 읽기가 얼마나 엉터리였는지 살펴보는 것으로부터 시작한다. 현재의 상태를 정확히 진단해야 정확한 처방이 나올 수 있는 법이다. 그리고 2장에서는 책 읽기가 왜 그리 힘든지 그 원인을 분석한다. 사람들은 책 읽기를 매우 어려운 노동으로 생각한다. 왜 그럴까? 그것이 전적으로 당신의 탓일까? 평소에 책 읽기가 어려워 책을 멀리했던 독자라면 이 부분을 잘 읽어보기 바란다. 3장에서는 본격적인 독서의 기술에 대해 배우기에 앞서 좋은 책을 고르는 요령에 대해 알아본다. 올바른 독서법보다 중요한 것은 유익한 책을 고르는 안목이다. 4장은 디지털 시대에 맞는 효과적인 독서법에 대해 설명하고 있다. 중간에 책읽기를 중단하는 경우가 많은 독자라면 이 책에서 제안하는 디지털 독서법을 사용해보기 바란다. 5장에서는 독서노트를 작성하는 법, 6장에서는 북배틀을 사례를 통해 설명한다. 책 읽기, 이제는 더 이상 지루할 수는 없다. 이젠 재미있어야 한다. 그리고 그 재미는 스스로 만들어 갈 수 있다.

PART**01**

1단계
현실파악

사람들은 책을 샀다는 것만으로 그 책이
자기 것이라고 착각한다

쇼펜하우어

지금까지의 독서가 얼마나 엉터리였는지 확인하기

"어느 날 친구로부터 책을 한 권 선물 받았습니다. 자신이 너무 감명 깊게 읽은 터라 나에게도 선물하고 싶은데 아쉽게도 절판된 책이어서 제본해서 보내준다는 것이었습니다. 어느 외국 정신과 의사가 쓴 책인데 사람과 사람 사이의 관계에서 벌어지는 여러 가지 어려움을 해결하는 방법에 관한 책이었습니다.

고마운 마음에 책을 펴든 나는 단숨에 읽어 내려갔습니다. 책의 내용이 너무도 훌륭해서 책장을 덮고 난 뒤, 선물해준 친구와 좋은 책을 써 준 저자에게 무척이나 고마웠습니다.

그런데, 웬일입니까? 바로 그때 눈을 들어 내방의 책장을 쳐다보니 똑같은 책이 책장에 얌전히 꽂혀있는 게 아니겠습니까! 꺼내서 들춰보니 분명 3년 전에 내가 샀던 책이었습니다. 어떻게 그 동안 이 책의 존재조차 까맣게 잊고 있었을까요?"

이상은 어느 라디오 프로그램에 소개된 사연이다. 어떻게 그런 일이 있을 수 있느냐고 생각하는 독자가 있을 지 모르지만, 사실 대부분의 사람들도 마찬가지이다. 3년이 아니라 단 며칠만 지나면 책의 내용이 가물가물해진다. 나는 독서모임에 처음 참가하는 사람들에게 최근에 읽은 책의 내용을 간단히 요약해 말해 보라고 하는데, 대부분의 사람들이 제대로 답변하지 못한다.

혹시 머리에는 남아있는데 표현력이 부족해서 아닐까? 나는 책의 내용을 스무고개 퀴즈로 만들어서, 독서직후 사람들의 머리 속에 책의 내용이 얼마나 남아있는지 테스트를 해보았다. 그런데 대부분의 사람들이 전체 문제 중 15~20 퍼센트 가량을 맞추는데 그치고 만다. 책에 담겨 있는 내용이 커다란 드럼통 분량이라고 치면, 독자의 머리 속에 남는 것은 조그마한 소주잔 하나 정도에 불과하다. 그것도 시간이 지나면 서서히 증발해 버린다. 이렇듯 머리에 남는 것도 없는데 책을 많이 읽으려는 노력이 다 무슨 소용이란 말인가?

궁금한 독자들을 위해서 그간 만들어 보았던 스무고개 퀴즈 중 일부를 소개해 보고자 한다. 오랜 기간 베스트셀러의 자리를 굳건히 지키고 있던 〈화폐전쟁〉에 관한 퀴즈이다. 그 책을 읽지 않았거나 경제에 관심이 없는 분은 건너뛰어도 좋다.

1. 화폐전쟁 (문제)

〈질문1〉 **은행의 효시**
처음에는 금 세공사로 환전상을 겸하였으나, 귀금속 보관업으로 전환하여 근대적 은행업의 효시가 된 이들을 일컫는 말은?

〈질문2〉 **경제 불황의 조작**
저자는 국제 금융재벌들이 손쉽게 돈을 벌기 위해 경제불황을 조작한다고 주장한다. 즉, 신용대출을 확대함으로써 경제적 거품을 조장하고, 사람들로 하여금 투기에 집중하게 한다. 그런 다음 통화량을 갑자기 줄여 경제 불황과 재산 가치의 폭락을 유도한다. 그리고 우량자산 가격이 폭락하기를 기다려 갑자기 나서서 말도 안 되는 싼 가격에 사들인다는 것이다. 이를 가리키는 속칭은?

〈질문3〉 **달러의 급소 - 美 국채의 급증과 인플레이션**
미국은 2001년 이후 테러와의 전쟁에 막대한 지출을 한 데다 대량으로 발행했던 각종 국채의 만기일이 연달아 돌아왔다. 게다가 점점 늘어가는 이자 지출 때문에 더 많은 국채를 발행해 기존의 국채로 말미암은 비용을 충당해야 했다.
그렇다면 달러의 추가 발행으로 인해 통화 팽창을 초래하기 십상인데, 그럼에도 소비자 물가지수에 반영되는 통화팽창은 아직 두드러지지 않았다. 그 비결로 저자가 지목한 것은?

〈질문4〉 **국제기구**
"닉슨이 황금과 달러의 교환중지를 선포했을 때 이들 두 기구의 역사적 사명은 이미 종결되었다고 봐야 한다. 그러나 국제금융재벌은 재빨리 이 기구들에게 개발도상국의 '세계화'를 돕는다는 새로운 역할을 부여했다. 이들의 처방은 첫째, 사유화, 둘째, 자본시장의 자유화, 셋째, 자유무역이다." 저자가 금융재벌들이 개발도상국에 가한 비밀스런 금융전쟁의 수단으로 지목한 세계기구 둘은?
① WTO (세계무역기구)
② OECD (경제협력개발기구)
③ IBRD (국제부흥개발은행)
④ IFC (국제금융공사)
⑤ IMF (국제통화기금)

<질문5> 채무화폐의 폐해

"채무를 화폐화하면 화폐의 부족은 해소할 수 있다. 그러나 화폐의 발행증가에 따른 유동성의 범람은 사회구석구석에 쌓여 경제 고지혈증을 유발한다. 오늘날 주요 증권 시장은 이미 산처럼 쌓인 채무화폐에 치여 가치가 심각하게 고평가 되어 있다. 투자자들은 주식 배당금 수익을 바라지 못하고 오로지 주가상승에만 희망을 걸고 있다."

한편 채무화폐 체제와 함께 장기 인플레이션의 원흉으로 저자가 지목하고 있는 것은?

<질문6> 중국의 금융개방

저자는 금융개방의 본질은 사실 '화폐전쟁' 이라고 정의하면서, 외국의 은행들이 중국에 진출하여 위안화를 발행하지 않으면서도 막대한 신용대출을 통해 화폐를 '창조' 하여 중국의 중앙은행을 무력화할 수 있다고 주장한다.

특히 일본 금융업의 확장세를 눌렀던 바젤협의를 2004년도에 업그레이드하여 중국 은행 시스템에 사용될 준비를 마쳤다고 주장하는데, 이 '은행의 리스크 관리 국제기준' 은?

(상세한 문제와 해설은 책의 말미에)

〈지하철에서 발견한 어느 속독법 광고. 10분에 1754페이지를 읽을 수 있다니... 읽기는 커녕 손가락으로 책장 넘기기도 부족한 시간일 텐데.〉

혹시 문제가 너무 어려워서 벌써 골치가 아픈가? 어떤 사람은 책을 이렇게 공부하듯이 머리 아프게 세세히 읽을 필요가 있느냐고 물을지도 모르겠다. 물론 문제 중 어떤 것은 너무 상세한 부분까지 거론한 측면이 없지는 않다. 하지만 언뜻 어려워 보이는 문제도 책을 잘 읽은 사람이라면 쉽게 답을 고를 수 있도록 단서들이 매 문제마다 존재한다.(다 맞추신 분은 책의 끝부분에 있는 더 많은 문제에 도전해 보시길.)

혹시 문제를 많이 맞추지 못했다고 해도 실망할 필요는 없다. 이 책은 그러한 허술한 독서를 고쳐가도록 돕고 있기 때문이다. 이 책의 목적은 자신의 이해도를 넘어서는 책을 보다 빠르고 정확하게 읽는 방법을 익히는데 있다.

이 책의 목적은 자신의 이해도를 넘어서는 책을 보다 빠르고 정확하게 읽는 방법을 익히는데 있다.

만약 경제에 관련된 책을 좋아하지 않는 독자라면, 어떤 책이라도 좋으니 최근에 당신이 읽은 책에 대해 다음과 같은 질문에 답해 보기 바란다.

① 저자의 전체적인 핵심주장을 한 문장으로 요약하면?

② 각 장마다 저자가 주장하는 논리를 한 문장씩으로 요약하면?

③ 저자가 자신의 논리를 뒷받침하기 위해 인용한 증거(사례나 통계)를 들자면?

이러한 질문에 접하면 대부분의 사람들은 힘들게 기억을 되살리느라 시간을 한참 소비한다. 그리고는 실망스럽게도 전체적인 핵심 요약과는 거리가 먼, 그 책에 실려 있던 단편적인 스토리를 회상해내는데 그치고 만다. 인간의 기억은 스토리 형식으로 저장되기 때문이다.

물론 이 책의 범위에서 소일거리로 읽는 오락용 책은 제외한다. 그것은 가장 부담이 적은 독서이며 노력하지 않고도 글자만 읽을 수 있다면 누구나 할 수 있기 때문이다. 여기서는 독자로 하여금 생각을 하게 하는, 즉 사고의 폭과 깊이를 확대해주는 책들만을 다루고자 한다.

책 읽는 법을 배워야 하는 이유

글을 읽을 수 있는 사람이라면 누구나 책을 읽는 것이지, 굳이 책 읽는 법을 따로 배울 필요가 있느냐고 반문하는 사람들이 있을지 모른다. 하지만 글을 읽는 것하고 책을 읽는 것하고는 별개의 문제이다. 글을 읽는다는 것은 그야말로 쓰여진 대로 읽는 수동적인 활동이라면, 독서는 발견하고 이해하는 적극적인 활동이기 때문이다. 책을 읽는 것은 야구에서 포수가 공을 받아내는 것에 비유할 수 있다. 공을 받아내는 것도 던지거나 치는 것처럼 적극적인 행동이다. 투수가 던진 공을 받아내기 위해서는 속구든 변화구든 솜씨 좋게 잡는 기술이 필요하다. 이와 마찬가지로, '읽는' 경우도 온갖 종류의 정보를 될 수 있는 대로 솜씨 좋게 잡을 수 있는 기술이 없으면 안 된다. 투수와 포수는 호흡이 딱 들어맞지 않으면 안 되는데, 쓰는 이와 읽는 이와의 관계도 마찬가지다. 쓰는 이가 전하려고 생각했던 것이 읽는 이의 미트에 푹 들어갔을 때 비로소 커뮤니케이션이 성립한다.[1]

어떤 사람은 저자의 주장을 일목요연하게 정리해 자기 것으로 습득하는 반면, 어떤 사람은 전혀 엉뚱하게도 자신의 고정관념대로 해석하고 정보를 왜곡하기도 한다. 또 어떤 사람은 아예 책의 내용을 거의 기억조차 하지 못한다.

독서모임을 할 때마다 느끼는 것이지만, 사람들마다 책의 이해도는 천차만별이다. 어떤 사람은 저자의 주장을 일목요연하게 정리해 자기 것으로 습득하는 반면, 어떤 사람은 전혀 엉뚱하게도 자신의 고정관념대로 해석하고 정보를 왜곡하기도 한다. 또 어떤 사람은 책을 읽지 않은 사람과 다를 바 없을 정도로 책의 내용을 거의 기억조

---

1 〈독서의 기술〉, 모티머 애들러, 찰즈 도런

차 하지 못한다.

유감스럽게도 우리가 그 동안 학교에서 배운 공부 방법은 독서를 통한 학습과는 거리가 멀었다. 미국 아이비리그에서 가장 많이 중도 탈락을 하는 학생이 바로 한국학생들이라고 한다. 즉, 미국 명문대에 입학하는 한국 유학생 가운데 절반에 가까운 44%가 중간에 학업을 포기하는데, 이는 중국, 인도 학생의 2~3배에 달하며 유태인 학생에 비해서는 무려 4배 이상이라고 한다.[2] 세계 1,2위를 차지할 정도로 미국 대학에 많이 입학하면서도[3], 그 이후에 공부를 따라가지 못하고 탈락을 그토록 많이 하는 이유는 무엇일까? 우리나라 초중고 교육에 어떤 문제가 있었기 때문일까?

유감스럽게도 우리는 책을 읽는 법을 제대로 배운 적이 없다. 글을 읽는 법은 배웠어도, 책을 읽는 법에 대해서는 배우지 못했다.

이에 관해서는 여러 가지 추측이 가능하겠지만, 우리나라 학생들은 주어진 교과서와 참고서의 내용을 달달 외우는 데는 익숙해도, 스스로 관련 책자와 자료를 찾아 읽고 정리하고 토론하는 데에는 익숙하지 않기 때문이 아닐까 한다. 선생님의 설명을 잘 기억하고 그

---

2 〈한인 명문대생 연구〉 김승기, 컬럼비아대 사범대 박사논문 2008
3 미 국토안전부 〈유학생 및 교환학생 정보 시스템〉

안에서 출제되는 문제를 푸는 데는 능하지만, 여러 가지 자료를 찾아서 읽고(이해하고) 비평하며 자신만의 견해를 발전시켜 나가는 수업방식에 적응하기 어렵기 때문이다. 따라서 토론에도 약하고 자신의 주장을 발표하는데도 약할 수밖에 없다.

어찌할꼬? 내 머릿속의 지우개

물론 독서의 목적이 단순히 지식을 기억하는데 그쳐서는 안 된다. 지식을 습득하는 데서 더 나아가 저자의 의도나 이유를 이해하고 나름대로 비평할 수 있을 때에만 비로소 저자로부터 무언가를 배우게 된다. 하지만 1차 관문인 책 내용의 기억조차 이렇게 어렵다면, 그 다음 단계로는 나아갈 수 없다.

흔히 가을쯤 되면 언론에서는 '독서의 계절'을 맞이하여 우리나라 사람들이 평균적으로 책을 얼마나 읽는지에 대한 통계치를 발표하곤 한다. 그러면서 우리나라 사람들이 책을 조금 읽는 것을 개탄하곤 한다. 그렇다면 책은 얼마나 읽어야 할까? 평소 독서광이라고 알려진 어떤 유명인사는 하루에 책 한 권씩을 읽는다고 한다. 또 어떤 속독법 관련 책은 적어도 2-3일에 한 권씩 책을 읽어야 한다고 말한다.

하지만 중요한 것은 얼마나 읽느냐가 아니라, 어떤 책을 읽느냐, 그리고 어떻게 읽느냐이다. 책을 신중히 골라 제대로 읽는다면 한 달에 한 권만 읽는다고 하더라도 결코 적은 양이 아니다. 반대로 기억에도 남지 않아 활용할 수 없다면, 하루에 한 권씩 읽은 들 무슨 소용이 있겠는가? 그렇다면 기억에 남는 책 읽기를 살펴보기 전에 먼저 우리의 기억이란 어떤 것인지부터 살펴보자.

기억은 기록이 아닌 해석이다

2001년에 나온 미스터리 영화 중에 '메멘토 Memento'라는 것이 있었다. 단기기억장애를 겪고 있는 주인공이 아내를 살해한 범인을 잡기 위해 고군분투하는 내용이다. 시간의 순서를 거슬러 진행되는 독특한 구성과 단 10여분밖에 기억을 지속시킬 수 없는 희귀한 질병을 겪는 주인공을 내세운 참신한 줄거리로 호평을 받았던 작품이다. 살인범에 대한 복수심으로 뭉친 주인공은 자신의 치명적인 결함을 극복하기 위해 기록에 매달린다. 온몸에 문신으로 남길 정도로 기록에 매달리지만, 사실은 본인의 과거를 있는 그대로 받아들이는 것이 아니라, 기억이 뇌 속에서 변형을 일으켜 없던 일을 있는 것처럼 받아들이고, 계속 범인을 찾아나서는 탐정놀이의 굴레에서 벗어나지 못하는 것이었다. 아내를 죽인 자신의 행동을 부정하기 위해 기억 속에 가공의 인물을 만들어내고는 그와 같은 실수를 하지 않겠다고 다짐하곤 했다. 결국 이 영화는 "기억은 기록이 아닌 해석이다"라는 대사로 표현되듯이, 우리의 기억이란 단순히 사실을 저장한 것이 아니라 각자의 해석이라는 메시지를 전하고 있다.

우리의 두뇌는 자신이 이해하고 해석한대로 기억하게 마련이다. 책도 마찬가지여서 열 사람이 같은 책을 읽고 나서도 그들의 기억은 다 제각각 이다.

인간은 자신이 보고 싶은 것만 보고 믿고 싶은 것만 믿는 경향이 있어서 서로간에 커뮤니케이션이 쉽지 않다. 서면계약이 중요한 이유는 구두로 아무리 합의를 해도 각자 자신이 유리한대로 해석하여 기억하므로 훗날 분쟁의 씨앗이 되기 때문이다. 부부싸움이나 친구 간의 싸움도 가만히 들여다보면, 과거에 자신들이 했던 행동과 말에 대한 기억이 서로 다르기 때문에 '약속을 뒤엎은' 상대방에 대한 분노가 다툼의 원인이 되는 것을 알 수 있다.

책도 마찬가지여서 열 사람이 같은 책을 읽고 나서도 그들의 기억은 다 제각각 이다. 저자의 메시지를 자신의 이해도와 경험에 따라 제각기 해석하기 때문이다.('팩트'를 전달하는 역사서 조차도 책을 쓰는 저자마다 해석이 다르고, 또 읽는이마다 해석이 달라진다.) 앞서 이야기했듯이 포수의 능력이 투수(저자)의 공을 잡아내기에는 역부족이어서 자신의 이해를 초월하는 그 무엇이 있다면 결코 기억을 할 수 없다. 아니 기억이 아니라 애초부터 이해를 할 수 없다. 즉 글자를 따라 글은 읽었으되, 책은 읽은 적은 없는 것이다. 우리의 두뇌는 자신이 이해하고 해석한대로 기억하게 마련이다. 때문에 자신이 쉽게 이해할 수 있었던 부분만 기억에 남아 저자의 전체적인 메시지를 왜곡하게 된다.

　독서가 힘들고, 지루하고, 중간에 포기하게 되는 것도 마찬가지 이유이다. 자신의 이해도를 넘어서는 내용이 계속되면 뇌가 흥미를 잃게 되고 곧 잠이 오는 것이다. 잠이 온다는 것은 우리의 두뇌가 생각하는 활동을 멈추었다는 뜻이다. 무언가를 골똘히 생각하는 중에는 절대 잠이 오지 않는다. 책만 보면 잠이 온다고 하는 사람도 무슨 책이든 다 수면제의 역할을 하는 건 아니다. 자신의 이해도를 넘어서는 책을 읽게 되면 눈동자가 줄을 따라 이동한다고 하더라도 두뇌는 생각을 멈추게 되고 곧 잠이 들게 되는 것이다. 컴퓨터를 켜놓고도 오랫동안 사용하지 않으면 잠시 슬리핑 모드로 변하는 것처럼. (반대로 무언가 고민이 있어서 생각이 밤새 꼬리에 꼬리를 물게 되는 경우에는 불면증에 빠지게 된다.)

　그렇다면 책에 대한 이해도가 낮은 이유는 단지 독자의 지능 탓일까? 왜 책은 그리도 지루하고 읽기 어려운 것일까? 2장에서는 본격적으로 책을 빠르고 정확하게 읽는 법을 익히기에 앞서 책이 잘 읽히지 않는 원인에 대해서부터 분석해 보기로 한다. 원인을 알아야 문제해결에 도움이 되지 않겠는가?

남이 주는 기회

박중훈은 여러모로 연예계에서 성공하기에는 부족한 사람이었다. 가수가 될 만큼 노래를 잘 부르지 못했고, 모델이나 주연급 탤런트가 될 만큼 외모가 출중하지도 못했으며, 그렇다고 개그맨에 유리한 얼굴도 아니었다. 아니나 다를까, 그는 대학가요제를 비롯해 여러 가요제에 출전했으나 줄줄이 낙방했고, 개그맨 공채시험, 탤런트 공채시험 등 연예계에 데뷔하기 위한 문턱에서 번번이 탈락했다.

출중한 외모나 개성으로 '길거리에서 캐스팅이 되었네', '친구 따라 오디션에 놀러 갔다가 감독의 눈에 띄었네' 하는 다른 스타들의 전설 같은 데뷔 이야기와는 거리가 멀었다. 그렇다면 박중훈의 성공 키워드는 무엇일까? 바로 '기회' 이다. 말콤 글래드웰은 〈아웃라이어〉에서 성공의 키워드로 '기회'를 꼽았다. 작은 기회를 얻는 자가 보다 큰 기회를 얻게 되고 결국 성공은 이러한 기회를 통한 '누적적 이득의 결과' 라고 말한다.

이는 연예계에서 쉽게 확인할 수 있는 사실이다. TV에 얼굴을 자주 비추는 연예인들을 자세히 보면, 처음에는 '저런 재능도 없는 사람이 왜 자꾸 출연할까' 라고 여겨지던 사람이 어느 날 갑자기 실력이 늘어나 '비호감' 혹은 '존재감 없음' 에서 급속히 '호감' 또는 '존재감 가득' 한 사람으로 변신하는 경우를 볼 수 있다. 아무리 재능이 있는 사람이라도 TV 출연기회를 꾸준히 얻지 못한다면 적응해 발전하기란 요원한 일이다. 그 사람의 잠재력을 믿고 꾸준히 기회를 주는 PD나 작가 등 관계자들의 배려가 없으면 어렵다.

공식적인 데뷔 코스에서 번번이 좌절한 박중훈은 '기회'를 얻기 위해 다른 전략을 폈다. 과거와는 달리 비공식 루트를 개발하기로 한 것이다. 그는 영화사에 찾아가서 '무슨 일이든 시켜주십시오' 라고 하소연했다. 매일 영화사로 출근해서 멍하니 앉아있었다고 한다. 그가 한일이라곤 청소하고, 잔심부름 하는 것뿐이었다. 그 이외의 대부분의 시간은 하릴없이 의자에 가만히 앉아 언제 올지 모를 '기회'를 기다리고 있었다.

그런 박중훈에게 기적 같은 기회가 찾아왔다. 영화 〈깜보〉의 주연으로 낙점 되었던 '송승환'이 출연제의를 거부하자, 영화감독이 박중훈에게 기회를 준 것이다. 영화사 사무실에서 잔심부름이나 하던 백수에서 일약 영화배우 주인 공으로 발탁 된 것이다. 한번 기회를 얻은 박중훈에게 기회는 계속 주어졌다. 〈 미미와 철수의 청춘 스케치〉등을 거쳐 마침내 〈나의 사랑 나의 신부〉, 〈투캅스 〉등을 거치며 스타의 반열에 올랐다.

　그렇다면 박중훈은 스스로의 성공요인을 무어라고 생각할까? 그는 '절박 함'이었다고 말한다. 어린 시절 공부 잘하는 두 형님들과 비교되는 열등감 속 에서 생긴 절박함이 모든 어려움을 견디어 낼 수 있었던 성공의 요인이었다고 말한다.

　하지만 성공한 다른 모든 사람들이 그렇듯이 박중훈도 자신의 숨겨진 성공 요인을 제대로 밝히지 않았다. 아주 중요한 요소인데도 말이다. 그것은 바로 '학연'이란 끈이다. 그가 중앙대학교 연극영화과를 나오지 않았다면, 어떻게 귀찮게 얼쩡대는 그를 영화사의 선배들이 매일 사무실에 출근하도록 놔두었겠 는가? 더구나 감히 주연을 덜컥 맡기려는 상상이나 했겠는가.(오디션을 거쳤다 고 하더라도.)

　물론 박중훈이 오로지 학연에만 의지했던 것은 아니다. 재능과 노력이 없는 사람은 기회가 주어져도 성공을 거머쥘 수 없다. 하지만 신인, 아니 신인으로 데뷔조차 하지 못한 사람에게 처음에 얻는 그 '기회'는 세상 어느 것과도 바꿀 수 없는 크나큰 선물이다. 성공이란 것이 모든 사람들을 한 줄로 세워놓고 재 능과 노력의 크기대로 주어지는 것은 아니기 때문이다.

　그렇다고 학연이 중시되는 풍토를 보면서 원망할 필요도 없고, 자신은 그런 학연의 끈조차 없다고 낙담만 하고 있을 수도 없다. 인맥관리로 유명한 미국의 헤드헌팅 컨설턴트 밥 뷰딘Bob Beaudine은 〈후Who, 내안의 백 명의 힘〉이라는 책에서 이렇게 말한다. "당신이 알아야 할 사람은 이미 다 알고 있다"

흔히 사람들은 자신들을 성공으로 이끌어 줄 '인맥'이 어딘가 먼 곳에 숨어 있다고 생각해서 자꾸 새로운 인간관계를 통해 자신의 '인맥'을 넓히려고만 한다. 하지만 밥 뷰딘은 누구에게나 인맥은 있으며, 잘 알지도 못하는 사람이 당신에게 기회를 줄 것이라는 비현실적인 기대를 하지 말고 자기 주변의 사람들부터 둘러보라고 말한다. 우리는 흔히 절친한 사람들에게 누가 되는 게 싫어서 주변사람들에게 손을 내밀지 못한다. 당신의 꿈을 이룰 수 있도록 도움의 손길을 내밀어 줄 수 있는 진정한 인맥을 주변에서부터 찾아보자.

2단계
원인진단

내가 세상을 멀리 볼 수 있었던 것은
거인의 어깨 위에 설 수 있었기 때문이다

아이작 뉴턴

책이 읽히지 않는 이유

지금 당신의 책장을 보라. 처음부터 끝까지 다 읽은 책이 얼마나 되는가? 책의 내용을 얼마나 기억하느냐의 문제는 둘째로 치고, 중간에 읽다 만 책도 아마 많을 것이다. 왜 책 읽기는 쉽지 않을까? 왜 TV나 영화는 쉽게 볼 수 있는데 책 읽기는 그렇게 인내심을 필요로 하는 것일까? 책을 펴면 졸음이 오는 건 내가 무식해서일까?

책이 책 읽기를 방해한다

책이 책 읽기를 방해한다니 뭔 소릴까? 책은 커뮤니케이션 수단으로서 한계를 가지고 있다는 뜻이다. 우리는 책을 신성시하는 수사에 너무도 익숙해져 있어서 감히 책이라는 수단에 대해 비판하지 못한다. TV는 '바보상자'라고 조롱할 수 있어도 책이라는 도구를 비판할 정도로 간이 큰 사람은 없다. 벌거벗은 임금님이 아무리 활보해도 누구 하나 "임금님이 벌거벗었다"고 소리치지 못하는 형국이다. 내용은 없고 두껍게 분칠한 책에 대해서도 '마음의 양식' 이라는 찬사를 거두지 못한다.

사실 의사소통의 수단으로서 책은 인터넷이나 멀티미디어와 비교해서 많은 약점을 가지고 있다. 때로는 삽화나 도표 등으로 보완하기도 하지만, 아무래도 텍스트만으로는 현란한 그래픽과 사운드로 무장한 현대적 매체보다는 의사전달의 효과가 낮을 수밖에 없다. 때문에 힘들여 인문서적을 읽느니 다큐멘터리를 보고, 경제경영서를 읽느니 유명강사의 동영상 강연을 인터넷을 통해 보는 것이 더욱 효과적일 수 있다. 책이 아무리 심오한 내용을 담고 있더라도 독자의 머리 속으로 전달되지 않는다면 무슨 소용이 있겠는가. 때문에 나는 여러 독서모임을 주관하면서 주제와 관련된 멀티미디어를 적극 활용하는 편이다. 그러면 사람들의 집중력은 더욱 높아지고 내용의 이해도가 급격히 상승하는 경험을 많이 하였다. 이처럼 독서에도 여러 가지 보조수단을 같이 활용하는 게 온전히 책에 의지하는 것보다 효과가 있다.

우리는 책을 신성시하는 수사에 너무도 익숙해져 있어서 감히 책이라는 수단에 대해 비판하지 못한다.

일부 책이 가진 또 하나의 약점은 편집상의 문제이다. 이는 특히 신문잡지에 평소 기고했던 글을 모아서 출판한 책에서 자주 나타난다. 책이 신문칼럼이나 인터넷 글과 같은 다른 저작물과 다른 점은 보다 체계적으로 구성하여 사회적 기능을 하겠다는 의도로 출판된다는 점이다. 책은 그런 의미에서 단순한 칼럼 모음 이상의 체계적인 구성을 가져야 한다. 하지만 태생 자체가 조각 글 모음이라면 독자에 대한 메시지 전달력에 상당한 문제가 있을 수 있다.

예를 들어 수년간 국내에서 베스트셀러의 자리를 차지하고 있는 〈경제학 콘서트〉를 살펴보자. 이 책은 저자인 팀 하포드가 유명 경제지에 기고했던 칼럼을 모아 놓은 책이지만, 이를 알고 있는 독자들은 많지 않다. 특히나 이 책을 읽으면 복잡한 경제학을 쉽게 이해할 수 있을 것이라는 선전과는 달리, 많은 독자들은 그 내용이 결코 만만치 않음을 알게 되었을 것이다. 책의 구성이 체계적이지 못한 데 가장 큰 원인이 있다. 원제와는 다르게 쉽고 친근하게 들을 수 있는 '콘서트'라는 제목을 딴 이 책은 체계적으로 경제학을 설명하려는 구성과는 거리가 멀다.

출판사는 여러 편의 칼럼 글 중에서 독자의 흥미를 끌 수 있는 것을 1장에 배치하였다. 출판사 입장에서는 당연한 일일지 모른다. '스타벅스의 커피는 왜 비싸면서도 잘 팔릴까?'라는 흥미로운 주제는 미국에서보다도 한국 독자들에게 더 궁금증과 책에 대한 관심을 불러일으키는데 성공했다. 당시에는 점심 값보다도 비싼 스타벅스의 커피가 승승장구하면서 시샘과 관심의 대상이었기 때문이었다.

책에는 독자들의 흥미를 불러 일으켜야 한다는
상업적 필요가 책의 전달력을 떨어뜨리는 요소
로 작용할 수 밖에 없는 한계가 있다.

　어려운 경제학의 내용을 쉽게 풀어 설명한다는 선전문구에 충실
한 책이 되려면 이 책의 구성은 다음과 같이 바뀌어야 할 것이다. 무
엇보다 시장경제의 가장 큰 특징인 시장의 원리를 설명하는 게 우선
일 터이므로 3장에서 설명된 '완전시장 이론'과 '가격 시스템'을 설
명하는 게 먼저여야 한다. 그리고 세금으로 시장에 간섭하는 걸 달
가워하지 않는 신자유주의 경제학자의 의도를 밝힌 몇몇 꼭지들은
따로 분리하여 편집하는 편이 좋았을 것이다. 그리고 주류 경제학에
서 가장 중요시 하고 있는 '자유무역'에 관한 글이 '시장' 다음으로
배치되어야 정당하다. 하지만 '다 함께 잘사는 방법'이라는 제목아
래 묶인 글들은 책의 마지막 부분인 9장에 배치되어 있다.

　그리고 시장이 실패하는 경우에 대해서 말하는 글들은 1장, 4장,
5장에 분산되어 있을 뿐만 아니라 '독자의 흥미를 끄는데' 치중한
나머지 내용파악에는 별 도움이 되지 않을 소제목들을 달고 있다.
'출퇴근의 경제학'이라는 제목의 4장은 '외부효과'라는 제목으로
솔직하게 달려있어야 독자들이 내용을 파악하는데 도움이 될 것이

다. '좋은 중고차는 시장에서 팔지 않는다' 는 제목의 5장은 '정보 비대칭' 이라고 제목이 달려 있어야 한다. '스타벅스의 경영전략' 이라는 제목을 달고 있는 1장 중에서 '규제를 환영하는 사람들', '마피아의 비즈니스 원칙', '경쟁을 차단하는 교묘한 방법', '희소성이 임금을 결정한다' 는 글들은 '불완전 경쟁' 이라는 제목아래 별도로 배치했으면 독자들이 내용을 정리하는데 훨씬 도움이 되었을 것이다.

물론 독자의 관심을 끄는 흥미로운 제목을 달았다고 출판사를 나무랄 수는 없다. '외부효과', '정보 비대칭', '불완전 경쟁' 과 같은 어려운 제목을 달아 놓으면 잠재독자들이 지레 겁을 먹고 도망갈지도 모를 일이기 때문이다.

책은 독자들의 흥미를 유발시켜야 한다는 과제로 인해, 정보 전달력을 떨어뜨리는 방향으로 책 구성을 헝클어뜨리는 경우가 많다. 이럴 경우에 독자들이 헝클어진 구성을 바로잡아가며 머리에 정돈해 나가기란 결코 쉬운 일이 아니다.

아무튼 책은 독자들의 흥미를 유발시켜야 한다는 과제로 인해, 정보 전달력을 떨어뜨리는 방향으로 책 구성을 헝클어뜨리는 경우가 많다. 이럴 경우에 독자들이 헝클어진 구성을 바로잡아가며 머리에 정돈해 나가기란 결코 쉬운 일이 아니다. 책에는 독자들의 흥미를 불러 일으켜야 한다는 상업적 필요가 책의 전달력을 떨어뜨리는 요소로 작용할 수 밖에 없는 한계가 있다. 독자들은 이에 어떻게 대처해야 할까?

이에 관한 설명은 잠시 뒤로 미루고 앞서 말한 스토리텔링의 장애물에 대해 먼저 이야기 해 보기로 하자.

영화는 재미있는데 왜 책 읽기는 지루할까?

물론 지루한 영화도 있다. 하지만 대체로 영화 보는 건 책을 읽는 것만큼 따분하지 않으며, 대부분 끝까지 다 보는데 성공한다. 그건 인간의 뇌 구조가 스토리 형식을 잘 받아들이며, 스토리는 인간이 '기억을 하는 방식'이기 때문이다. 인간은 선천적으로 남의 '이야기(스토리)'를 듣기 좋아한다. 누군가의 학문적 성과에 대한 발표를 들을 때는 졸다가도 연예인의 사생활 이야기가 나오면 눈을 번쩍 뜬다. 팩트가 나열된 책은 어렵다고 느끼면서 사례나 일화를 읽을 때는 비교적 수월하게 느낀다. 예를 들어 우리나라 삼국통일이 언제 되었고, 통일 당시 신라의 왕은 누구였는가 하는 팩트는 잘 기억하지 못하지만, 계백장군의 황산벌 전투 이야기와 삼천 궁녀의 이야기 등은 아무리 세월이 흘러도 기억에 잘 남아있다.

따라서 스토리를 따라 내용이 전개되는 소설은 팩트를 전달하는 다른 책보다 비교적 읽기 수월한 경우가 많고, 영화 역시 – 사운드와 비주얼이라는 막강한 수단이 있기도 하지만 – 기본적으로 스토리를 중심으로 내용을 전개하기 때문에 관객의 몰입이 책보다 용이하다.

책의 경우에도 타고난 이야기꾼인 베스트셀러 저자들은 스토리를 적절히 활용할 줄 안다. 하지만 메시지 전달력보다는 내용의 충실도에만 관심을 갖는 저자들의 책은 불행히도 읽기가 쉽지 않다. 때문에 아직 독서습관이 배지 않은 사람은 처음에는 이야기가 많은 책, 실례가 많이 소개되어 있는 책부터 시작하는 것이 좋다. 그런 책들은 스토리 형식으로 되어 있기 때문에 상대적으로 읽기가 쉽다.

때로는 스토리 형식이 독자들에게 잘 어필할 수 있다는 점을 이용해서 책의 첫머리에 스토리를 의도적으로 배치해 놓는 책들도 있다. 독자들이 주로 책의 첫 부분을 읽어보고 책을 구매하기 때문이다. 예를 들어 최근에 큰 히트를 친 〈화폐전쟁〉은 워털루 전투를 이용해서 로스차일드가의 셋째 아들인 네이선 로스차일드가 커다란 돈을 버는 스토리가 책의 첫머리에 소개되어 있다. 국제금융재벌들의 실체를 파헤친다는 책의 취지에 따른다면 시간순서대로 국제금융재벌의 형성과정이라고 할 수 있는 아버지 메이어 암셸 로스차일드의 이야기에서부터 출발해야 하지만, 저자는 독자들의 흥미를 불러일으키기 위해서 그의 셋째 아들의 드라마틱한 축재 스토리를 전면에 내세워 놓고 있다. 어떤 이들의 말에 따르면 초반의 흥미진진한 스토리에 몰입되어 책을 샀지만, 집에 와서 계속 읽어보니 내용이 만만치 않아서 중간에 그만두었다고 한다. 물론 흥미진진한 스토리를 앞에 배치한 책의 구성을 비난할 필요는 없다. 영화도 초반 5분에 관객들을 얼마나 몰입시키느냐에 영화의 성패가 달려있다고 말할 정도로 초반부는 아주 극적인 장면들로 구성하고 있다. 오히려 저자나 영화 제작자들이 스토리의 힘을 책의 중간중간에도 잘 활용하면서 관객을 끝까지 잘 이끌어나가면 더욱 좋은 책이 될 것이다.

저자가 책 읽기를 방해한다

저자는 자신의 책이 널리 읽히기를 간절히 소망한다. 하지만 알게 모르게 저자 스스로가 그러한 바램을 망치는 경우가 많다.

아무리 훌륭한 학문적 성과를 담고 있는 책이라도 그것이 논문이 아닌 이상, 저자는 내용 그 자체뿐만 아니라 정보전달력까지 고려해야 한다. 하지만 내용 전달력에는 주의를 덜 기울이면서 내용의 완성도에만 치중하는 저자들이 많다. 또는 자신이 제기한 주장의 완성도에 대해 있을지도 모르는 논란에 대비해서 각종 자료들을 산만하게 긁어 모으는 바람에 짜임새가 엉성해지고, 기본적 논의를 따라가기가 꽤나 어려운 경우도 있다. 실제로 내용이 훌륭하면서도 전달력이 약해 사장된 책이 부지기수이다. 마치 아는 것은 많아도 잘 표현해서 학생들에게 가르치지 못하는 선생님과 비슷하다. 구슬이 서말이어도 꿰어야 보배이고, 창고에 아무리 곡식이 그득하여도 제때 꺼내어 먹을 수 없다면 소용이 없지 않은가. 때로는 국내 저자가 쓴 책

임에도 불구하고 외계어를 보는 듯한 느낌이 들 정도로 현학적이고
외국저자들의 표현을 어색하게 번역한 그대로 옮기는 저자들도 많
다.(자신의 주장에 알맹이가 별로 없거나 확신이 약해서 유명 저자들의 권위를
빌리려는 책이 그런 경우가 특히 많다)

결국 이런 책을 마주대할 때에는 독자들이 처음부터 순서대로 다
읽어내겠다는 욕심을 버리는 편이 낫다. 글 솜씨 없는 저자를 만나
면 차라리 흥미로운 부분부터 읽어나가며 스스로 흥미를 잃지 않도
록 노력하는 수밖에 없다. 스트라이크 존으로 공을 던지지 못하는
투수에게는 포수가 수고스럽더라도 알아서 잘 받아내는 수밖에 없
듯이.

한편 정보전달력은 높지만 던지는 공 자체의 내용은 별로 높이
평가할 수 없는 저자도 있다. 사실 시장에서는 이런 저자들의 책이
더 많이 팔리는 게 현실이지만, 잘 읽힌다고 해서 반드시 좋은 책이
라는 보장은 없다.

출판사가 책 읽기를 방해한다

책 잘 읽는 방법을 알려준다는 사람들이 늘 하는 말이 있다. 책을 본
격적으로 읽어나가기 전에 책의 표지와 목차 등을 꼼꼼하게 살펴보
면 도움이 된다는 것이다.(사실 이걸 누가 모를까 싶다. 책을 사기 전에 목
차 훑어보지 않는 사람이 어디 있으랴.)

물론 책의 표지와 목차는 독자들이 책의 내용을 가늠하는데 도움

이 되어야 한다. 하지만 상업적인 이유로 본래의 취지와 역할에서 벗어나는 경우가 대부분이다. 표지의 선전문구들은 독자가 책의 내용을 가늠하게 해주는 역할보다는 호기심을 자극하는데 주목적이 있어서 과장되어 있기 십상이다. 게다가 어떤 때는 이렇게 중요한 공간이 유명인사들의 추천사로 가득 채워져 있기도 하다. 무엇이든 너무 지나치면 좋지 않은 법이다. 화려한 수사로 가득한 찬사의 글들을 보고 있노라면, 정말로 추천인들이 책을 제대로 읽기나 했는지 의심이 드는 경우도 있다. 사실 이런 추천의 글들은 저자나 역자(흔히 이름만 빌려주는 대리역자인 경우)의 인맥이 얼마나 넓은지를 보여줄 뿐, 책의 충실도와는 관계없는 경우가 많다.

이처럼 출판사들이 '추천의 힘'에 기대고 싶어 하는 태도는 심정적으로 이해가 되지 않는 것은 아니지만, 영화선전에 흔히 등장하는 '미국 박스오피스 1위'라는 문구만큼이나 이젠 식상해 있다. 물론 추천사가 온라인 쇼핑몰의 고객 상품평처럼 구매자들의 판단을 돕는 기능을 할 수도 있지만, 아무래도 과유불급이 아닐까.

그렇다면 목차는 어떨까? 과연 목차가 책 읽기에 도움이 될까? 물론 목차만 잘 되어 있더라도 독자들이 책의 내용을 잘 파악하고, 또 오래 기억할 수 있겠지만, 아쉽게도 그 역할을 제대로 못하는 경우가 대부분이다. 그 이유는 책의 목차 역시 내용을 간단히 요약하기 보다는 소비자들이 책을 구매하도록 유도하기 위하여 호기심을 유발하는데 초점이 맞춰져 있기 때문이다.

예를 들어 말콤 글래드웰의 〈아웃라이어〉의 목차를 한번 보자.

1부: 기회

1장: 마태복음 효과

"무릇 있는 자는 받아 풍족하게 되고 없는 자는 그 있는 것까지 빼앗기리라"

2장: 1만시간의 법칙

"우리는 함부르크에서 하루에 여덟 시간씩 연주해야 했어요"

3장: 위기에 빠진 천재들

"한 소년의 높은 IQ는 수많은 영리한 소년과 만났을 때 거의 도움이 되지 않는다."

4장: 랭건과 오펜하이머의 결정적 차이

"장기간의 협상 끝에 오펜하이머의 정학 처분이 결정되었다"

5장: 조셉 플롬에게 배우는 세가지 교훈

"메리는 25센트만 받았다"

2부: 유산

6장: 켄터키주 할란의 미스터리

"네 형처럼 남자답게 죽어라"

7장: 비행기 추락에 담긴 문화적 비밀

"오늘, 기상레이더 덕 많이 본다"

8장: 아시아인이 수학을 더 잘하는 이유

"1년 내내 해뜨기 전에 일어날 수 있다면 어찌 부자가 못되리"

9장: 마리타에게 찾아온 놀라운 기회

"제가 지금 만나는 친구들은 모두 키프 애들이에요"

목차만 살펴보면 호기심이 생기는 대목이 많지만, 그 내용이 뭔지는 목차만 봐서는 알 수가 없다. '마태복음 효과' 가 뭘까? 밑의 부제를 보니 '부익부 빈익빈' 이라는 것 같기는 한데 잘 알 수 없으니 본문을 봐야만 할 것 같다. 2장의 '1만 시간의 법칙' 이라는 제목은 그래도 본문의 내용을 가장 잘 유추할 수 있게 정해진 제목이다. 3장의 위기에 빠진 천재들이란 제목과 "한 소년의 높은 IQ는 수많은 영리한 소년과 만났을 때 거의 도움이 되지 않는다."란 부제는 뭘까? 마치 똑똑한 한 명의 천재보다는 다중지성이 낫다는 의미로 해석되지만, 사실 본문의 내용은 전혀 다르다. 4장 '랭건과 오펜하이머의 결정적 차이' 는 본문을 읽지 않고서는 도저히 알아차릴 수가 없다. 생뚱맞은 부제(적어도 본문을 읽기 전에는)는 본문의 내용을 미루어 짐작하는데 전혀 도움이 안 된다. 5장의 제목에 있는 '조셉 플롬' 이라는 사람은 누구인지 알 수도 없을 뿐 아니라, 세 가지 교훈이 뭔지 궁금하게 만들 뿐이다. 6장 '켄터키 주 할란의 미스터리' 는 그야말로 미스터리다. 네 형처럼 남자답게 죽으라니? 7장은 더더욱 미스터리다. 호기심을 자극하는 제목(미스터리니, 비밀이니 하는 제목은 호기심을 불러일으키기에 얼마나 근사한 단어인가?)에 생뚱맞은 부제는 마치 사람을 유혹하고 안개 속으로 달아나는 베일에 싸인 미녀를 보는 느낌이다. 8장이나 9장 역시 책의 내용을 미루어 짐작하는 데는 거의 도움이 안 되고, 본문을 읽어서 궁금증을 해소하고 싶게 강하게 유혹할 뿐이다.

궁금증을 유발하는 제목이 한두 개라면 당장 서점에서 그 부분을 읽어 궁금증을 해소하겠지만, 이처럼 목차가 온통 호기심 덩어리라면 서점에서 두 다리를 혹사시키느니, 책값을 내고 집에 가서 천천히 읽어보는 편을 택할 것이다. 출판사의 목적이 달성되는 셈이다.

그렇다면 목차가 책 읽기에 도움이 된다는 소위 '독서 전문가들'의 설명은 어떻게 된 걸까? 나는 목차가 직접적으로 책 읽기에 도움이 된다고는 생각하지 않는다. 다만, 저자가 각 장을 구분해 놓은 건 나름대로 이유가 있을 터이므로, 책의 내용을 이해하고 머리에 저장해 놓을 때는 각 챕터별로 스스로 요약하는 방법을 권하고 싶다. 다시 말하자면, 출판사가 달아놓은 목차(물론 저자가 직접 제목을 달아 놓는 경우도 있겠지만, 출판사가 판매를 염두에 두고 목차를 수정하는 경우가 훨씬 많을 것이다)를 스스로 바꾸는 것이다.

내가 추천하는 독서방법의 하나는 출판사가 정해놓은 목차에 의존하지 말고 스스로 자신만의 목차를 만들어 내용을 파악해 나가는 것이다. 아웃라이어의 목차를 이렇게 바꾸어 본다면 보다 잘 정리가 될 것이다.

책을 읽기 전에 이렇게 변화된 목차를 읽으면 책의 내용을 훨씬 더 잘 가늠할 수 있을 것이다. 이렇게 각 장의 내용을 한두 문장으로 요약하여 자신만의 목차를 새로 만들어 두면, 책의 내용을 파악하는 데도 도움이 되고, 잊지 않고 오래 기억하는 데에도 도움이 된다. 이렇게 목차를 새로 만들어 놓으면 저자의 논지를 파악하기 쉽다.(더 자세한 내용은 4장 참조)

번역이 책 읽기를 방해한다

우리나라 저자들의 책은 외국저자들의 책에 비해 함량이 많이 떨어진다는 소리를 자주 듣는다. 이는 세계적으로 중요한 지식 성과물은 영어로 기록되어 있는 경우가 많기도 하거니와 국내 저자들이 처한 열악한 현실 탓이기도 하다. 출판사의 입장에서도 검증되지 않은 국내 저자의 책을 출판하기 보다는 해외시장에서 검증된 책을 번역해 출간하는 것이 더 안전하다.

그런데 바로 그런 점에서 국내 독자들은 영미권 독자들이 겪지 않아도 되는 또 하나의 장애물을 건너야 한다. 바로 번역이다. 아무리 지구촌 시대라고 하더라도 영어로 책을 쓰는 사람은 영미권 독자들을 염두로 글을 쓰기 때문에 우리나라 실정에 맞지 않는 경우가 있다. 또한 제대로 번역이 되지 않은 책의 생명이 사실상 끊어지는 경우도 있다.

흔히 번역의 문제점을 논할 때면 국내저자가 쓴 것처럼 술술 읽히지 않고 번역투가 많다는 점이 지적된다. 즉 정보전달력에 장애가 생긴다는 것이다. 번역가는 늘 원문에의 충실성과 가독성 사이에서 고민을 하게 된다. 원문에 충실 하려다 보면 가독성이 떨어지고, 가독성을 높이고자 의욕이 넘치면 원문에 있는 소중한 정보를 왜곡하게 되는 결과를 초래하기도 한다. 심지어는 두 마리 토끼를 모두 놓치게 되는 경우도 심심치 않게 있는데, 원문과 비교해 보면서 실소를 금치 못하게 된다.

번역서의 문제점은 일단 번역이 엉터리로 되어 출간되면, 이를 바로잡아 다시 출간하기가 상당히 어렵다는 점이다. 훌륭한 내용의 책이 우리나라에 들어와서 번역 때문에 사장되는 건 안타까운 일이다. 나 역시 수많은 책을 번역한 사람으로서 우리나라 번역가들의 열악한 처지를 모르는 바 아니다. 또한 번역도 사람이 하는 일이라 실수가 있을 수 있지만, 이를 검증하고 걸러낼 수 있는 시스템을 가동하기 어려운 것이 국내 현실이다.

나는 번역지망생들에게 번역을 가르치면서 번역의 스킬보다는 전체적으로 저자의 메시지를 빠르고 정확하게 파악하는 방법, 즉 책을 제대로 읽는 방법을 먼저 가르친다. 이해하는 만큼 보인다고 하지 않는가? 번역가가 책을 이해하는 만큼 옮길 수 있기 때문이다. 때문에 번역의 스킬을 가르치기 전에 우선 책을 제대로 '이해' 하는 것이 더욱 중요하다고 나는 늘 강조한다. 아무튼 우리나라 독자들은 번역이라는 장애물까지 감내하면서 독서를 해야 한다는 현실이 안타깝다.

내가 주는 기회

지금 이 시간, 어떤 이는 성공에 도취되어 있고, 또 어떤 이는 실패에 흐느끼고 있지만 이 세상엔 영원한 성공도 영원한 실패도 없다. 성공과 실패는 늘 반복되고 있기에 지금 어려움을 겪고 있는 사람이라고 해서 실패자라 규정할 수는 없다.

과거 학창시절에 〈세계는 넓고 할 일은 많다〉는 아주 유명한 베스트셀러가 있었다. 당시 김우중 회장은 대학생들의 우상이었고, 성공인의 대명사였다. 그는 성공자인가, 실패자인가? 성공과 실패가 늘 진행형이라면 결국 죽음 이후에 따져야 할 문제일까?

성공과 실패는 단편적으로 규정할 수도 없을 뿐 아니라, 그렇다 하더라도 실패는 다음에 올 성공을 준비하는 과정일 뿐이다. 문제는 실패 이후에 또 다른 기회를 얻을 수 있느냐 없느냐에 달려있다.(처음에 작은 기회를 얻는 자가 조금 큰 기회를 다시 얻게 되듯이, 실패 이후에 또 기회를 얻을 수 있는 사람만이 성공할 수 있다.)

때로는 책의 내용보다는 책의 선전문구에서 지혜를 얻기도 한다. 〈스물일곱 이건희처럼〉이라는 책의 선전문구에 보면 이런 대목이 나온다 "20대엔 평범했고, 30대엔 실패자였으며, 40대에 세계 최고 경영자가 된 사람"이라는 광고카피(나는 이 책의 내용을 비판하려는 것이 아니다. 광고만 보았을 뿐, 사실 나는 이 책을 읽어보지도 못했다)가 그것이다. 과연 재벌2세가 평범했을까의 문제는 둘째 치고, 30대에 실패자였던 사람이 어떻게 40대에 세계 최고 경영자가 되었을까? 그가 부러운 것은 실패자였던 그에게 다시 기회가 주어졌다는 사실이다. 아버지가 되었든 남이 되었든, 실패했던 그에게 누군가 다시 기회를 주었기에 그가 성공할 수 있었던 것이다. 마찬가지로 이건희 회장의 아들 이재용씨도 과거에 인터넷 사업에 뛰어들어 크게 실패한 적이 있었다. 하지만 지금은 다시 기회를 얻어 착실히 경영수업을 쌓고 있다. 그들이 겪은 실패는 다음 기회에 활용하기 위한 수업이기도 하다.

진정으로 실패하는 순간은 스스로에게서 기회를 거두는 순간이다.

　그렇다면 기회는 다른 사람만이 주는 것일까? 아니다. 사실은 다른 사람이 주는 기회보다도 자신이 주는 기회가 더욱 중요하다. 긍정적인 사고방식을 갖고 있는 사람은 실패를 하더라도 자신에 대한 믿음을 거두지 않는다. 그래서 다시 한번 일어서는 기회를 스스로에게 준다. 그것은 자신의 능력에 대한 착각일수도 있지만, 때로는 착각이 일을 이루어낸다.

　반면 자신에게 기회를 주지 않는 사람은 실패에서 다시 일어 설 수 없다. 결국 스스로를 믿고 기회를 주었을 때 남들도 기회를 선사하는 것이다. 따라서 자괴감에 빠져 괴로워하는 친구나 가족이 있다면 그 스스로가 다시 기회를 줄 수 있도록 주변에서 힘을 도와줘야 한다. 당신이 돈이나 인맥으로 사랑하는 사람을 도울 수 없더라도 도울 길은 있다. 오히려 스스로에게 기회를 줄 수 있도록 믿고 정신적인 지원을 하는 것이 그에게는 더욱 필요한 도움이다. 진정으로 실패하는 순간은 스스로에게서 기회를 거두는 순간이다.

PART **03**

3단계
취사선택

두 번 읽을 가치가 없는 책은
한 번 읽을 가치도 없다.

막스 베버

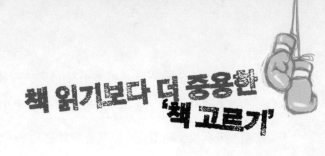

책 읽기보다 더 중요한 '책 고르기'

책을 고르는 일은 책을 읽는 것보다 훨씬 중요하면서도 어렵다. 일주일에 여러 권의 책을 꼬박꼬박 산다는 독서의 고수라는 사람들도 막상 책을 읽다 보면 내용에 실망하고 처박아 두는 책이 꽤 된다고 한다. 그래도 그들은 목차를 보고 마음이 가면 바로 사라고 말한다. 단 한 줄이 도움이 되더라도 그 책이 필요할 때 내 손에 있어야지 서점엔 다시 가게 되질 않는다고 말한다. 그리고 저자의 수고를 생각하면 책값은 결코 비싼 것이 아니라는 말도 덧붙인다. 지당하신 말씀이다. 하지만 그건 책을 늘 강연이나 글쓰기의 기초 자료로 하는 전문가들의 경우이고, 사실 일반인들은 일주일에 한두 권의 책을 사기에도 버거운 것이 현실이다. 전문가들처럼 자신의 서재를 갖고 있지 못한 사람들은 책을 사서 쌓아둘 공간도 부족하거니와, 매달 나가는 책값을 부담스레 지켜보는 식구들의 눈도 신경 쓰지 않을 수 없다. 하루에도 수백 권의 책이 쏟아져 나오는 세상이다. 어차피 그 많은 책 중에서 내가 읽을 수 있는 책은 아주 적을 수 밖에 없으므로, 독서의 몰입도와 집중력은 책을 고르는 단계에서부터 시작할 수 밖에 없다.

쇼핑 리스트 만들기

가계 생활비를 절약하는 방법으로 전문가들이 권하는 방법 중의 하나는 할인 마트를 끊는 것이라고 한다. 물건을 싸게 파는 할인점을 왜 이용하지 말라고 할까? 할인점을 이용해 쇼핑을 할 경우에는 원래 계획에 없던 충동구매를 많이 하기 때문이다.

필요한 품목을 미리 리스트로 만들어 쇼핑에 나서면 쇼핑에 드는 시간과 돈이 모두 절약된다. 그렇지 않고 무작정 장을 보게 되면 충동구매를 하는 품목이 많아지고, 정작 사야 할 품목을 빠뜨리는 경우가 생긴다. 당장 필요 없는 품목들이 냉장고에 점점 쌓여가고, 반대로 필수 식재료 중에 한두 개가 빠지는 바람에 나머지 식재료들이 활용되지 못하다가 깜박하면 유통기한을 넘겨 버리는 경우도 있다.

당신의 책장은 어떠한가? 충동구매로 가득한 냉장고와 비슷한 신세는 아닌가? 그렇다고 무조건 책값을 아껴야 한다는 소리는 아니다. 하지만 리스트 없이 전적으로 갈팡질팡 쇼핑만 하면 독서도 갈팡질팡 수박 겉핥기만 하는 게 문제이다. 일주일에 서너 권씩 책을 읽어 댈 수 있는 고수가 아니라면 계획 없는 쇼핑은 바람직하지 않다. 물론 충동구매를 전혀 하지 말아야 한다는 뜻은 아니다. 자신이 좋아하는 분야에서 충동적인 구매는 인생의 양념이다. 그리고 새로운 관심주제를 발견하는 방법 가운데 하나이기도 하다. 다만 책을 항상 무계획적으로만 구매한다면 독서의 깊이가 깊어지기 어렵고 항상 갈팡질팡 하게 된다.

당신의 책장은 어떠한가? 충동구매로 가득한 냉장고와 비슷한 신세는 아닌가?

그렇다면 어떻게 책을 골라야 할까? 만약 오늘 저녁 우렁된장 찌개를 끓일 생각이라면 두부, 호박, 멸치, 된장, 우렁이 등을 사야 한다. 나중에 효과적인 책 읽기에 대해 말하겠지만 주제가 있는 독서, 그물치기 독서를 권하고 싶다. 미리 독서의 주제를 정하고 이에 맞는 여러 가지 책을 미리 온라인 서점에서 살펴보고, 독자들의 평도 미리 봐 둔 뒤에 책을 함께 사면 좋다. 주제가 있는 책 읽기는 머리에 좀더 많은 기억을 남길 수 있을 뿐 아니라, 창조적인 아이디어와 사고를 만들어내는 데 유익한 방법이다. 한 주제에 관해 서로 상반된 주장을 담은 책, 보완이 되는 책, 혹은 보다 학술적인 책과 대중적인 책을 함께 구입해서 읽으면 몰입도 쉬워지고 책을 읽는 새로운 재미도 느끼게 된다.

그리고 책을 고르기 전에 먼저 해야 할 일이 있다. 우선 독서의 목적부터 확실하게 생각해보는 것이다. 앞서 1장의 첫머리에서 소개했던 라디오 사연을 다시 생각해 보자. 그녀에게 지금은 그토록 감명을 주는 책이 왜 3년 전에는 기억에 남지 않을 정도로 존재감이 없었을까? 당시에는 그 책의 주제에 큰 관심이 없었기 때문이다. 투수와 사인이 잘 맞아야 포수가 공을 잘 잡아낼 수 있듯이, 저자와 독자는 주파수가 잘 맞아야 한다.

독서의 목적 확인하기: 독서는 정말 인생에 보탬이 될까?

어느 초상집에 문상객이 찾아와 통곡을 했다. 서글프게 통곡하는 그 사람을 보고 슬픔을 참고 있던 주변 사람들도 덩달아 울었다.

이렇게 한참을 통곡하던 그가 잠시 울음을 멈추더니, 옆에서 따라 울던 사람에게 넌지시 물었다.

"그런데 누가 돌아가셨나요?"

평소에 생각보다는 행동이 앞서던 성질 급한 나에게 어머니께서 인용하시던 이야기였다. 행동에 앞서 이유와 목적을 먼저 생각해보라는 뜻이다. 책을 왜 읽어야 되느냐고 물어보면 '책은 마음은 양식'이기 때문이라고들 말한다. 하지만 그런 말은 이제 진부해져서 신선함도 설득력도 없다. 어느 초등학교 현관에서 본 '21세기 글로벌 선진인재육성'이라는 애매한 표어가 떠오른다. 그 글은 누구더러 보라고 비싸게 표구해서 붙여 놓았을까? 사용된 단어들을 보면 초등학교 아이들은 아닐 것 같고, 선생님들은 그 표어를 보며 마음을 가다듬게 될까? 불행히도 그 초대형 액자를 붙여놓을 당시 교장 선생님의 마음만 잠시 흐뭇하게 하고 말았을 듯싶다.

나는 독서 강연회나 모임에 갈 때마다 먼저 다음과 같은 질문을 한다.

① 책을 왜 읽으시나요?

② 바쁜 시간을 투자할 만큼 살아가는데 정말 도움이 되던가요?

③ 솔직히 TV교양 프로그램, 인터넷, 신문잡지 등의 내용이 더 재미있고 기억에 남지 않던가요?

흥미롭게도 독서 강연회에 참여했던 사람들이 홈페이지에 올려 놓은 강연후기를 보면 나의 이러한 질문들이 매우 인상 깊었다고 말 하는 사람들이 많다. 어떻게 하면 책을 보다 빠르고 정확하게 읽을 수 있을지 알려고 찾아온 독서광들이 왜 이런 기초적인 질문에 새삼 스레 감명을 받는 것일까? 어떤 사람은 책을 열심히 읽으면서도 책 을 왜 읽어야 하는지에 대해서는 여태껏 생각해 본 적이 없었노라고 고백한다. 초상집에 통곡하러 왔다가 누가 죽었는지 궁금해 하는 모 습과 뭐가 다를까.

책을 왜 읽어야 한다고 생각하느냐는 질문에는 흔히 다음과 같은 답변이 돌아온다.

① 지식을 얻기 위해서

② 간접경험을 하기 위해서

③ 재미로

　물론 다 맞는 이야기이지만 독서의 궁극적인 목적이라고 말하기에는 부족하단 생각이 든다. 과거에는 직접 스승에게 지식을 전수받지 않는 한 책은 거의 유일한 지식전달 매체였다. 하지만 요즘엔 책 말고도 신문, 잡지, 영화, TV, 인터넷 등 우리가 정보를 입수할 수 있는 소스는 얼마든지 있다. 그리고 지식과 간접경험을 얻는 이유는 또 무엇일까? 지식과 재미와 간접경험을 다른 매체와 수단을 통해서도 얻을 수 있지 않을까?

　누가 책을 왜 읽어야 되느냐고 물으면 나는 '생각의 힘'을 키우기 위해서라고 말한다. 즉 의사결정을 보다 잘하기 위한 판단능력을 키우기 위해서이다. 인생은 의사결정의 연속이다. 우리는 매일매일 의식적으로 혹은 무의식적으로 수많은 결정을 하며 살아간다. 그리고 현재 당신의 모습은 지금까지 당신이 해온 의사결정의 결과이다. 가족관계, 교우관계, 재무상태, 직장에서의 위치 등 당신의 여러 가지 모습은 모두 지난날 해왔던 의사결정의 누적적 결과이다. 어떤 때는 심각한 의사결정이, 또 어떤 때는 사소하게 생각했던 결정이 우리 삶의 방향을 결정짓게 된다.

현재 당신의 모습은 지금까지 당신이 해온 의사결정의 결과이다.

이처럼 개인이든 조직이든 의사결정이 미래를 결정짓는 중요한 일이며, 그러한 의사결정에는 우리의 지식과 경험, 그리고 이성이 총동원 된다. 의사결정은 어렵고 책임이 따르는 문제이기 때문에 사람들은 흔히 이를 회피하려 한다. 정치적인 이유로 중요한 결정을 외부에 맡기기도 하고 어이없게도 주술에 의존하기도 한다. 하지만 결국 이러한 의사결정의 무게 앞에 당당히 맞서는 것은 지식과 경험의 도움을 받는 우리의 이성이다.

추천도서의 한계 감안하기

"좋은 책 좀 추천해 주세요" 나는 직업상 늘 책을 접하기 때문인지, 좋은 책을 골라달라는 질문을 받을 때가 많다. 그런데 주변을 둘러보면 어느 기관이나 유명인사가 추천한다는 추천도서가 널려 있고, 서점에 가도 서점이 추천하는 책, 출판사가 추천하는 책, 많은 독자들이 선택한 베스트셀러 목록 등이 널려 있다. 그런데도 사람들이 굳이 아는 사람한테 좋은 책을 골라 달라고 하는 이유는 소위 '추천도서' 라는 단어에서 어렴풋이나마 '상업성'을 눈치 챘기 때문이 아닐까 싶다.

어느 시장이든 그렇겠지만, 좋은 물건이 있으면 얄팍한 상술만 판치는 불량물건도 있는 법이다. 일반 소비상품이야 계속 반복 구매해야 하는 특성상 한번 소비자가 속고 나면 그 다음엔 구매를 하지 않게 되지만, 책은 한번 소비자를 속여(?) 구매를 하게 만들고 나면 그 다음에는 다시 다른 제목을 달고 나타나 또 한번 소비자의 주머니를 털어간다.

물론 여러 기관이나 유명인사들의 추천도서를 보면 좋은 책이라 생각되는 경우도 많지만, 가끔은 개인적인 이해득실이나 혹은 자신이 속한 사회적 입장에서 벗어나지 못했다는 느낌이 드는 경우도 많다. 일년에 여러 권의 저서를 쏟아내는 소위 '책 공장' 유명인사는 여러 신문 잡지마다 추천도서를 쏟아내기도 한다. 불행히도 그렇게 책을 많이 읽는다는 분이 토론 프로그램에 나와서 하는 말씀을 들으면서 몹시 실망했던 기억이 난다. 굳어버린 자신의 견해를 강화시키는 독서만 해서일까? 세상을 보는 눈이 심히 경직되어 있다는 느낌을 받았다.

또한 서점의 경우에는 아무래도 출판사와의 이해관계에서 아주 자유로울 수는 없을 것이며, 요즘 영향력이 커진 대기업 경제 연구소의 추천도서에는 대기업의 이해관계에 반하는 책은 선정될 수 없을 것이다. 정부의 추천도서 역시 그 선정기준에 대해 의구심을 품지 않을 수 없는 경우가 있다. 예를 들어 문화관광부 추천 도서로 선정되면 정부에서 구입하여 각급 도서관과 단체에 기증된다. 그런데 어느 한 종교에 편향되어 있는 책이 선정되어 있는 걸 보고 깜짝 놀란 적이 있다. 책 제목은 과학과 종교의 중간을 지향하는 것처럼 들리지만, 책 내용은 결코 그 사이를 지향하지 않았다. 종교 중에서도 특히 기독교에 편향된 시각을 보여주고 있었다. 정부의 도서 보급은 국민의 세금으로 하는 일이기에 어느 한 종교에 편향된 책을 선정하면 안 될 것이다. 이런 일이 벌어진 이유는 두 가지 가운데 하나이다. 선정하는 사람들이 은근히 특정 종교를 지지하려는 경향 때문이거나 아니면 책의 내용을 선정위원들조차 제대로 파악하지 못했기 때문이다. 어느 쪽이든 씁쓸하지 않을 수 없다. 만약 후자가 원인이라면 아마도 저자의 사회적 지위에 영향을 받았을 확률이 높다.

따라서 균형 있는 시각을 원하는 독자라면 추천도서의 한계를 감안하고 이용하지 않을 수 없다. 하지만 이게 어디 말처럼 쉬운 일인가? 그러기에 더더욱 북배틀의 개념을 이용해 책을 골고루 읽어야 할 필요가 있다. 우리사회는 아직도 계층간, 이념간 생각의 차가 너무 크다. 그리고 그들의 대표주자라고 하는 사람들이 읽은 책이라고 소개된 기사를 보면 기존의 생각을 강화하는 책들에 편중되어 있는 걸 보게 된다.

책을 걸러내는 기준

사람들의 필요와 기호가 다 다르기 때문에 좋은 책을 추천하기 보다는 멀리해야 할 책을 가리는 게 더 나을 수도 있겠다. 어떤 이는 책이란 어떤 것이든 다 도움이 되니까 골고루 읽기만 하면 된다고 말하지만, 난 그런 견해에 찬성할 수 없다. 마치 영양소는 별로 없고 칼로리만 높은 음식은 결코 몸에 이롭다고 보기 어려운 것과 마찬가지이다. 또한 그런 음식은 보다 나은 음식을 먹을 기회를 뺏는다.

내가 책을 가리는 첫 번째 기준은 저자가 얼마나 참신한 견해를 내놓았는가 하는 "주장의 참신성"이다. 책이라면 무릇 책으로서의 무게가 있어야 하는데, 기존의 뻔한 주장을 포장만 달리해 내놓는 책은 상술로 포장된 책이라는 느낌을 지울 수 없다. 저자가 책이라는 무게로 자신의 견해를 세상에 내놓으려면 지금껏 사람들이 알고 있는 상식과 지배적인 견해를 반박 내지는 의문을 제기할 수 있는 "새로운 주장"을 담고 있어야 한다.

그렇지 못하다면 그야말로 책의 홍수 속에서 사람들을 더욱 익사시킬 수 있도록 책을 하나 더 보태는 잘못을 저지르는 것이 아닐까. 그런 의미에서 나는 소위 "책공장"이라는 유명인사들을 싫어한다. 모름지기 생각의 힘과 지혜가 넘쳐나서 주체하지 못할 때 비로소 책으로 태어나야 하거늘, 일년에 몇 권씩 책을 쏟아내는 사람은 분명 남의 생각을 적당히 짜깁기해서 대충 팔아먹고자 하는 상술이 훤히 보이기 때문이다.

저자가 책이라는 무게로 자신의 견해를 세상에 내놓으려면 지금껏 사람들이 알고 있는 상식과 지배적인 견해를 반박 내지는 의문을 제기할 수 있는 "새로운 주장"을 담고 있어야 한다.

이러한 책 장사꾼들은 우리나라는 물론 해외에도 많다. 예를 들어 "긍정의 힘"(물론 나는 긍정적인 생각의 힘을 믿는다)이라는 지긋지긋한 컨셉을 이렇게 저렇게 포장해서 열심히 반복해 팔아먹는 저자들이 얼마나 많은가? 남을 공경하고, 배려하고, 이해하고, 사랑하고, 스스로 열심히 노력하고, 포기하지 말라는 뻔한 이야기를 담은 책들은 아무리 생각해도 너무 많다. 그런 상술이 뻔히 보이는 책들은 나름대로 존재가치가 있기는 하겠지만, "주장의 참신성"이라는 나의 선정기준으로 볼 때는 절대 추천할 수 없는 책들이다. 물론 하늘 아래 새로운 것이 어디 있겠느냐만, 다른 저자의 권위를 빌려 짜깁기에만 급급한 책들은 아무리 생각해도 너무 많다.

또 하나 책을 가리는 중요한 기준은 자신의 주장을 증명하기 위해 얼마나 논리적이고 타당한 증거나 사례를 대었느냐 하는 점이다. 즉 자신의 참신한 주장(가설)을 뒷받침하는 "증거의 적절성과 타당성"이다.

세계인을 상대로 한 커다란 거짓말, 시크릿[4]

예를 들어보자. 세계적으로 히트를 친 "시크릿"은 이러한 나의 두 가지 기준으로 볼 때 추천하기 어려운 책이다. 우선 "긍정적인 사고"가 성공의 힘이 된다는 주장은 지난 100여 년간[5] 수많은 저자들이 수백 번도 더 써먹은 낡은 주장이다.(온라인 서점에서 '긍정'이라는 단어로 검색해 보라. 수백 권의 책이 검색되어 나올 것이다) 저자는 이러한 잘 팔리는 주제를 세계적으로 잘 팔기 위해서 "전 세계 1%의 성공한 사람들만 알고 있던 비밀"이라는 혹하는 포장을 했다. 하지만 그 내용을 보면 "긍정적인 생각이 좋다"는 메시지에서 한발자국도 더 나아가지 못한다.

"주장의 참신성"이라는 첫 번째 기준에 낙오했다면, 두 번째 기준인 "증거의 적절성과 타당성"이라는 기준은 충족했을까? 역시 한참 미달이다. '시크릿'은 긍정적인 생각이 전파가 되어 우주로 나아간 뒤, 다시 발신자인 자신에게 긍정적인 것을 끌어서 되돌아온다는 황당한 주장을 뒷받침하기 위해 소위 "신앙간증"식 방법을 택했다. 신앙간증이란 과학적으로 증명하기 어려운 주장을 뒷받침하기 위해 많이 써먹는 수법이다.

내가 신앙간증식 증명방법을 싫어하는 이유는 생각의 힘을 약화시키기 때문이다.

인간은 심리적으로 "세 사람이 같은 주장을 하면 그 주장을 신뢰하기 시작"한다. 때문에 시크릿에는 여러 공동저자(그 책 뒷부분을 보면 실질적인 저자들은 여러 명의 자기계발서 전문가(?)들임을 추측할 수 있다)

---

4 내가 시크릿을 예로 든 것은 그 책이 특히 못마땅해서는 아니다. 국내서를 예로 들기 미안해서 해외의 책을 예로 든 것뿐이다. 그리고 거듭 말하지만 난 '긍정의 힘'을 믿는다.
5 새뮤얼 스마일즈의 자조론을 자기계발서의 시조쯤으로 본다면 대략 150년의 세월이다.

들이 신앙간증식으로 나와 자기 주변의 놀라운 경험(?)을 간증하면서 사람들을 "믿쑵니다!"하게 만들고 있다. 그리고 오프라 윈프리 같은 유명한 입들이 바람잡이로 조연에 나서 전 세계인들을 상대로 장사 한번 크게 잘 했다. 시크릿은 책보다 앞서 CD로 발매되었다. 동영상 속에서 자전거를 원하는 아이, 목걸이를 원하는 여인이 전파를 강하게 날려 선물을 받는 장면은 마치 〈우뢰매〉의 주인공이 레이저를 날리는 장면을 연상시킨다. 쇼핑몰에 갈 때마다 전파를 날려 늘 자신은 빈 주차공간을 얻는다는 사람이나, 이 비밀을 알고 나서 수영장 있는 대저택을 살 정도로 삶이 풍족해 졌다는 잭 캔필드의 증언은 날 아연실색하게 만들었다.(잭 캔필드여, 당신은 자기계발서 여러 권을 써서 이미 많은 돈을 번 게 아니던가!)

내가 신앙간증식 증명방법을 싫어하는 이유는 생각의 힘을 약화시키기 때문이다. 대신 다른 사람들이 그렇다고 하니까 사람들을 '혹' 하게 만든다. 사실 신앙간증식 방법은 책을 팔아먹는데 아주 효과적이다.

어떤 사람은 인간의 생각이 우주에 전파를 날린다는 주장이 아무리 허무맹랑하더라도 결국 독자들로 하여금 긍정적인 사고를 하게 만든다면 결과적으로 좋은 책이 아니겠느냐고 말한다. 의사가 때로는 가짜 약을 환자에게 주고 상태를 호전시키는 플라세보 효과와 비교한다. 하지만 거짓이 진리가 될 수는 없다. 위약(僞藥)이 판을 치면 사람들은 더 이상 의약품을 신뢰하지 않는다. 더구나 책이란 인간의 이성을 발전시켜 온 숭고한 도구가 아니겠는가? 긍정적인 생각이 얼마나 중요한지를 말할 수 있는 방법은 무수히 많다.

하지만 거짓이 진리가 될 수는 없다

그렇다면 그 반대되는 책의 예는 어떤 것이 있을까? '성공' 이라는 같은 주제를 다루는 최근의 책 중에서 고르라면 난 '아웃라이어' 를 추천하고 싶다. 물론 '기회의 누적적 이득' 이라든지, '1만시간의 법칙' 이라든지, '문화적 유산의 힘' 과 같은 핵심주장들이 100% 말콤 글래드웰의 독창적인 주장이라고 하기는 어렵다. 하지만 '성공의 요인' 이라는 난해한 주제를 놓고 단순히 '내면적인 요인' (긍정적 사고의 힘 혹은 1만시간의 법칙)에만 초점을 맞추지 않고 여러 가지 사회적, 문화적, 가정적 요인들을 살펴봤다는 점, 또 자신의 주장을 증명하기 위해 '신앙간증' 식 방법이 아니라 관련된 사례와 증거를 수집해 열거하였다는 점에서 높이 살만하다.

그런데 과학적으로 증거를 대는 방식은 오히려 쉽게 역풍을 맞는다. 저자가 나열한 사례는 그 타당성 면에서 반대론자들의 공격을 받기 쉽다. 하지만 예를 들어 '화폐전쟁'이 비록 싸구려 음모론이라고 비판을 받더라도, 또는 '아웃라이어'에서 주장하는 '집중양육의 효과'가 비판 받는다고 하더라도, 주장의 참신성과 증거의 타당성이라는 나의 책 선정기준으로 볼 때는 비슷한 가격의 '하면 된다'식 책보다는 가치 있는 책들이라고 생각한다.

베스트셀러를 이용하는 방법

책읽기의 주제도 안 정하고 리스트도 없이 서점에 나가게 되면 서점에서 유도하는 대로 베스트셀러를 가장 많이 둘러보게 된다. 그런데 어떤 사람들은 베스트셀러를 그대로 따라 읽는 것은 문제라고 말한다. 그렇다면 '명불허전'이란 말이 맞을까, '소문난 잔치에 먹을 것이 없다'는 말이 더 맞을까?

책은 영화와 비슷한 면이 많은데, 예를 들어 어떤 영화는 유명배우와 감독이 출연하거나 개봉 전에 마케팅을 많이 한 관계로 개봉할 때 관심의 대상이 되는 경우가 있다. 그런 영화는 개봉과 동시에 박스오피스의 수위를 차지하지만, 실제는 기대에 훨씬 못 미치는 경우가 있다. 마찬가지로 책도 유명저자, 혹은 유명인을 대리역자로 내세우거나 때로는 사재기 등 출판계의 고질적인 관행을 동원하여 인위적으로 베스트셀러 순위에 올리는 경우가 있다. 이럴 때는 주식으로 비유하자면 개인투자자 입장에서 소위 '추격매수'를 했다간 낭패를 보게 되는 셈이다. 흔히 독서의 목적과 쇼핑 리스트 없이 '요즘 잘 나가는 책 뭐 없나'는 식으로 서점에 나가면 소위 '낚이는 신세'를 면치 못하게 된다.

하지만 그렇다고 해서 베스트셀러를 반드시 멀리할 필요는 없다. 아무리 마케팅을 많이 한다고 해도 영화가 안 좋으면 순위에서 내려올 수밖에 없고, 반대로 영화가 좋으면 독립영화라도 박스오피스 순위는 올라가게 되어 있다. 따라서 책의 경우에는 따끈따끈한 신간 베스트셀러를 고집하기 보다는 오히려 스테디셀러를 이용하는 편이 안전하다고 말하고 싶다.

스테디셀러는 클래식과는 다르다. 일반적으로 말하는 스테디셀러는 베스트셀러의 자리를 차지하다가 지금도 꾸준히 팔리는 책을 이야기하는 것이고, 클래식이라고 함은 그야말로 고전, 즉 담고 있는 주제와 내용이 사회적으로 큰 영향을 미쳐서 역사적으로 중요한 의미를 지니고 있는 책을 가리킨다. 그만큼 영향력이 있는 책이라 읽을 가치는 있지만, 초급수준부터 자신의 이해도를 넘는 클래식을 고집하다 보면 자칫 책읽기 자체에 흥미를 잃을 수도 있다.

주의해야 할 책들

앞서 말했듯이 나는 '이 세상에 나쁜 책은 없다'는 견해에 동의하지 않는다. 보다 좋은 책이 널리 읽히는 기회를 잠식하기 때문이다. 주의해야 할 책 중의 첫 번째가 포장은 그럴 듯한데 알맹이가 없는 책이다. 이런 책들은 흔히 용두사미로 그치는 경우가 많은데, 불행하게도 그 수는 매우 많다.

그렇다면 포장만 요란한 책을 어떻게 가려낼 것인가? 나는 목차를 그리 신뢰하지 못한다. 목차란 독자들이 책의 내용을 빨리 간파하게 만드는 목적보다는 책을 사게 만드는 데 더욱 큰 목적이 있기 때문이다. 그렇다고 목차를 아예 보지 않을 수는 없다. 하지만 그 한계를 충분히 알고 주의해야 한다. 내가 온라인 서점에서 구매를 고려했던 어떤 책은 목차가 무려 8페이지에 달했지만, 정작 본문은 1백 페이지가 채 안 되는 얇디 얇은 문고판 책이었다. 실물을 확인해 보니 역시나 목차만 그럴 듯 하고 알맹이는 하나도 없었다.

서점에 서서 책을 다 읽어볼 수도 없는 노릇이니, 책의 내용이 충실한지 빨리 간파하는 방법은 무엇일까? 막연히 처음부터 읽어선 안 된다. 책의 앞부분은 저자나 출판사나 가장 신경 쓰는 부분이다. 영화도 처음 도입부의 5분이 영화의 성패를 좌우한다는 말이 있다. 그처럼 책의 앞부분은 독자들을 끌어당기기 위해 흡입력을 최대한 발휘한다. 첫 부분이 재미있다고 해서 책의 내용이 반드시 알찬 것은 아니다.

앞에서부터 차근차근 몽땅 읽는 대신 띄엄띄엄 읽어보며 우선 저자가 제기한 문제가 무엇인지 빨리 파악하는 편이 좋다. 기존의 상식과 통념을 그대로 인정하는 책이라면 무슨 존재 가치가 있겠는가? 우리가 당연하다고 생각하던 잘못된 상식과 오류를 바로잡아주는 것이야말로 책의 가치 아니겠는가? 그런데 이를 파악하기란 비교적 수월하다. 보통 책의 앞뒤 표지를 살펴보기만 해도 그 책이 어떤 문제를 제기했는지 알 수 있는 경우가 많기 때문이다. 책의 표지는 자신을 다른 책들과 차별화하기 위해 몸부림을 치는 공간이다. 표지와 날개글에서도 자신을 차별화 하지 못한다면 읽어서 무슨 소용이 있겠는가.

그 다음으로 중요한 것은 그러한 문제제기에 '저자가 어떤 대안을 내놓았느냐'이다. 사실 어떤 분야에나 목소리만 커서 문제는 잘 지적하지만 대안을 내지 못하는 사람이 많다. 책도 마찬가지여서 문제를 제기하는데 그치고 대안은 적절히 제시하지 못하는 책들이 많다. 출판업계에서는 '부정적인 제목'은 실패할 확률이 높고 '긍정적인 제목'이 성공한다는 속설이 있다. 이는 당연한 이야기이다. 예를 들어 '집값이 폭락한다'는 제목의 책은 집값의 문제를 제기하는데 그칠 공산이 크다. 반대로 '이런 집을 골라라'는 제목의 책은 당연히 대안을 담고 있을 확률이 높지 않겠는가.

물론 책의 제목은 판매량을 높이기 위해서 출판사에서 머리를 싸매고 연구하는 작품(?)이므로 무작정 신뢰하기는 어렵다. 제목과 내용이 틀려서 낭패를 본 경험을 다들 가지고 있지 않은가. 특히 번역서의 경우에는 원서 제목과 전혀 다른 경우도 많다.

물론 초급독자라면 책의 본문을 띄엄띄엄 읽으면서 저자 본인이

제시한 문제에 적절한 대안을 제시하고 있는 지를 발견하기란 쉬운 일은 아니다. 하지만 뒤에서 소개할 독서법을 잘 읽혀나간다면 언젠가 책을 빨리 간파하는 내공이 쌓일 것이다.

당장 돈이 되는 책만 고집하기 어려운 이유

자본의 논리가 생활 깊숙이 뿌리내리면서 즉각적인 생산성을 갖지 못하는 독서의 가치는 퇴색되고 있다. 프랑스의 기호학자 롤랑 바르트는 사람들이 책을 읽지 않는 이유는 단순히 인문학의 몰락에 있는 것이 아니라, 물질 문화가 정신문화를 압도하는 사회적인 변화에 있다고 하였다. 우리나라 역시 단순한 오락, 아니면 당장 돈이 되거나 점수를 따는데 필요한 소설, 재테크, 처세서, 각종 수험 관련서의 비중이 매우 높다.

하지만 당장 눈앞의 이익에만 집중하는 태도는 자양강장제나 보약에만 의존하려는 것과 비슷하다. 반짝 힘이 나는 효과는 있겠지만, 결국 건강은 약보다는 골고루 섭취하는 음식물에 의존해야 한다.

그리고 당장 이익을 가져다 줄 것처럼 선전하는 책의 신뢰성도 의문이다. 무작정 자신을 따라 하면 주식이나 부동산으로 큰돈 벌 수 있고 부자아빠 될 수 있다는 책의 저자들은 왜 조용히 계속해서 돈을 벌면 되지, 굳이 그 비법을 책으로 많은 사람에게 알려주려고 할까? 그들의 비법이라는 게 과연 일반적으로 적용이 될 수 있는 것일까?

다행히 최근에는 '통섭'과 인문학에 대한 관심이 늘어나서 비실용 분야의 책과 강연모임에 사람이 몰리고 있다고 한다. 20세기까지 인간은 학문의 분화 과정을 계속 거쳐왔다. 예를 들어 생물학은 동물학, 식물학, 세포학, 미생물학으로 분류되었고 그 분류된 학문은 또 나누어지며 새로운 학문분야를 계속 만드는 식이다. 사업 역시 분화의 과정을 반복하며 새로운 사업영역을 만들어 갔다. 하지만 이제는 서로 다른 분야로 생각되던 영역들이 결합되면서 새로운 비즈니스 기회를 창출하는 시대가 되었다. 자신들의 경쟁상대가 닌텐도라고 선언하는 나이키처럼, 휴대폰이 카메라, 시계, MP3의 경쟁상대가 되는 것처럼, 이제는 어떤 예기치 못한 상대가 자신의 경쟁상대가 될지 모르는 시대가 되었다. 분화와 더불어 이異분야 통합이 병행되는 시대인 것이다.

개인의 경우도 마찬가지이다. 예전에는 어느 한 분야의 전문가가 되는 것으로 만족스러웠지만, 이제는 한 분야만으로는 부족하고 다른 분야의 상식을 접목할 수 있는 창의력이 필요한 시대가 되었다. 경영학의 구루 피터 드러커 역시 제2의 전문분야를 키워야 한다고 주장했다. 자신 역시 일본미술이라는 제2의 전문영역이 있다고 밝혔다.(일본미술 분야가 그의 제1 전문분야에 어떤 긍정적인 효과를 주었는지는 잘 모르겠지만.)

또한 과거처럼 단순히 품질이 좋거나 싸게 만들면 팔리는 시대도 아니다. 공장에서 만든 제품에도 스토리가 담겨 있어야 하고, 고객의 감성을 자극할 수 있는 수단이 있어야 한다. 하드웨어만으로 승부하는 시대가 아니라 콘텐트로 승부하는 시대가 되었다. 사람들이 인문서를 회피한다고 해서 지혜에 대한 갈망, 지성에 대한 욕구가 사라진 것은 아니다. 단지 수고와 노력을 수반해야 하는 도전적인 책 읽기에 엄두를 못 내고 있을 뿐이다. 하지만 언제나 남들이 도전하지 못하는 곳에 기회가 있기 마련이다.

노력을 이기는 재능은 없다

퀴즈 하나. 다음은 어느 축구선수의 별명이다. '자빠지성' '넘어지성' '교체성' '3분성' '집에성' '홈런성(슛을 잘못해서 멀리 날아가는 경우가 많음을 비꼬는 별명)'. 누구인지 짐작 가는가? 바로 박지성이다. 지금은 박지성에 대한 칭송 일색이지만 한때는 그를 비꼬는 별명이 이처럼 많았다.

박지성을 타고난 골잡이, 혹은 개인기가 출중한 축구선수라고 보는 사람은 많지 않다. 그런데 그런 선수가 어떻게 세계 최고 명문구단의 하나인 맨체스터 유나이티드에 계속 자리를 지킬 수 있을까? 그의 최근 별명이 '산소탱크'인 점에서 알 수 있듯이 성실하게 열심히 뛰고 노력하는 것이 그 비결이라 할 수 있겠다.

안타깝게도, 혹은 다행스럽게도 이 세상은 반드시 재능의 크기대로 성공이 주어지지는 않는다. 박지성에게도 외부에서 주어진 '기회'가 중요했다. 만약 2002년 월드컵이 한국에서 치러지지 않았다면 과연 그가 프리미어 리그에서 뛸 수 있었을까? 히딩크 감독이 네덜란드 리그에서 뛸 수 있도록 도움을 주지 않았다면 지금처럼 수십억 원의 연봉을 받는 선수로 성장할 수 있었을까?

그런데 비슷한 기회가 주어졌던 다른 국가대표팀 선수들 가운데에서도 박지성이 단연 성공을 거머쥘 수 있었던 또 다른 요인은 시간을 압축한 연습에서 찾을 수 있다. 얼마 전에 공개되었던 박지성과 발레리나 강수진의 발 모습은 그들이 얼마나 치열하게 연습을 했었는지 단적으로 증명하고 있었다. 온갖 상처와 굳은살로 뒤덮인 그들의 발은 〈아웃라이어〉에서 말콤 글래드웰이 말한 '1만시간의 법칙'의 생생한 증인이다.

세계적인 발레리나 강수진 역시 노력으로 불리함을 극복한 사람이다. 그녀는 남들보다 늦은 중1때 발레를 시작했고, 중3때 외부로부터의 결정적 기회를 얻는다. 모나코 왕립학교에서 그녀를 스카우트 한 것이다. 이국 땅에서 어린 그녀는 외국 학생들과의 실력차이를 노력으로 극복하였다. 하루 19시간의 연습으로 남들은 2-3주 신는 토슈즈를 하루에 3~4개씩 소비할 정도였다. 벗겨진 피부대신 생고기를 신발에 넣고 연습을 계속하는 노력을 한 결과, 3년 만에 스위스 로건 발레 콩쿨에서 동양인 최초로 1위를 차지하였다.

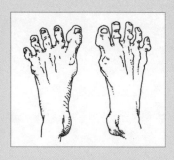

말콤 글래드웰은 전문가가 되기 위해서는 최소한 1만시간이 필요하다고 말했다. 하루 3시간씩 10년이 걸리는 시간이다. 하지만 박지성이나 강수진은 그 시간을 크게 단축하였다. 육체를 이용하는 예술이나 스포츠는 나이가 절대적인 요소이기 때문에 이를 단축하지 않고서는 결코 성공할 수 없기 때문이다. 강수진은 '무용수가 육체적 고통을 친구처럼 사귀지 않으면 무용을 못한다'고 말한다. 일년 365일을 매일 반복하는 그 같은 노력 덕분에 독일 슈투트가르트 발레단의 수석발레리나 강수진은 동양인 최초로 독일 궁중무용가 '캄머 탠처린'으로 선정되는 영광을 얻었다.

PART 04

4단계
효율적인
독서법

독서란 작가의 말이 끝나는 시점에서
독자의 지혜가 시작되는 행위이다.

매리언 울프 인지신경과학자

옷이나 구두 같은 물건들은 사는 즉시 자신의 소유물이 되지만, 책의 경우 산다는 행위는 진정한 소유를 위한 시작에 불과하다. 책이 정말로 자신의 것이 되는 것은 그 내용을 소화하여 머리에 잘 남기고 난 이후부터이다. 무작정 책을 읽어 기억에 남는 것이 별로 없으면, 책에 담긴 지식을 활용하지 못하는 건 당연할 뿐 아니라 중간에 책 읽기를 포기하게 되기도 한다.

더욱이 디지털 시대의 도래로 독서를 방해하는 요소는 점점 더 많아져 가고 있다. 정보기술의 발달로 거실이나 영화관이 아니더라도 늘 멀티미디어 환경에 둘러싸여 있고, 텍스트 형식은 인터넷의 영향으로 단문에 익숙해져 간다. 심지어 블로그도 트위터 같은 단문형이 인기를 끌 정도이다. 게다가 책이 아니더라도 읽어야 할 정보가 산더미 같은 현실 속에서 과거처럼 책을 한가로이 읽을 수 있는

날은 일년 중 고작해야 여름 휴가 며칠 밖에 없을지도 모른다. 그렇다면 독서란 근본적으로 디지털 시대에 어울리지 않는 행동이라고 포기하거나 아니면 디지털 시대에 맞는 방식으로 바꾸어야 할 필요성을 느끼게 된다. 그런데 다행히도 책은 디지털 시대에도 충분히 살아남을 수 있는 디지털 요소를 다분히 가지고 있다.

비순차적 접근 & 태그활용: 디지털 요소를 활용해 독서를 성공시키는 방법

책은 오랜 역사를 가진 고전적인 의사전달 수단이므로 아날로그 방식이라고 생각하지만, 반대로 훌륭한 디지털 수단이라 부를 만 하다. 아날로그가 순차적인 방식이라면 디지털은 비순차적 접근이 가능한 특성을 갖고 있기 때문이다. 예를 들어 카세트테이프가 아날로그 방식이라면 MP3 파일은 디지털 방식이다. 비디오테이프나 카세트테이프에서 원하는 부분을 찾으려면 테이프를 빠르게 감거나 되감아야 하는 등 순차적으로 진행해야 하지만, MP3 파일은 원하는 부분으로 직접적인 접근이 가능하다.

과거에는 독서 역시 앞에서부터 차근차근 진행해 나가는 순차적 방식을 사용했지만, 이제는 그러할 시간적, 심리적 여유가 없다. 군데군데 건너 띄며 빠르게 정보 검색을 해나가야 하며 또 그것이 가능하다.

자신이 필요로 하는 항목을 찾아 빠르게 건너뛰며 읽는 방식은 기억 측면에서도 유리하다. 기억 연구의 달인 에빙하우스의 망각곡

선에 의하면 기억을 오래하기 위해서는 주기에 따라서 적절한 시점에 복습이 필요하다고 한다. 그러므로 책을 처음부터 꼼꼼히 읽어나가는 방식보다는 여러 번에 걸쳐 나누어 읽는 편이 낫다. 즉 처음에는 건너 뛰며 빠르게 책을 한번 훑어보는 숲의 모양을 보는 단계가 필요하고, 그 다음에는 필요한 부분의 나무 하나하나를 꼼꼼히 살펴보는 방식으로 다시 한번 책을 읽으면 기억에 더 잘 남게 된다. 처음부터 한번에 책을 몽땅 읽어내겠다고 덤비다가는 다독은커녕 중간에 포기하거나, 다 읽어도 기억에 남는 것이 별로 없다.

이해의 측면에서도 이러한 방식은 더 효과적이다. 처음에 건너뛰며 읽을 때에는 언뜻 이해 안 되는 부분을 과감히 건너 뛰어야 한다. 신기하게도 처음에 읽을 때 이해되지 않던 부분은 나중에 다시 읽을 때는 이해되는 경우가 많다. 이는 번역을 할 때 내가 자주 경험해 보는 일이기도 하다. 많은 사람들이 "번역을 하다가 아무리 해도 모르는 부분이 나오면 어떻게 해요?"라고 질문한다. 해결방법은 "일단 지나치는" 것이다. 막히는 부분에서 골머리를 싸고 진도를 나가지 못하면, 책에 대한 흥미도 크게 줄어들게 되어 있다. 막히는 부분은 과감히 지나쳐야 한다. 신기하게도 나중에 다시 그 부분을 만나면 거의 대부분 해결이 된다. 저자의 전체적인 메시지를 파악했기 때문에 왜 그 부분에서 저자가 그런 표현을 썼는지 자연히 알게 되는 것이다.

물론 번역이나 책 읽기가 아니더라도 살아오면서 이런 경험은 많이 하게 된다. 어떤 문제에 봉착해서 골머리를 싸맬 때에는 아무리 해도 해결방법이 생각나지 않는다. 오히려 휴식을 취하고 난 뒤, 쉽사리 문제가 풀리는 경우도 많다. 마치 목욕하다가 "유레카"를 외쳤던 아르키메데스처럼.

디지털 시대의 독서법의 또 다른 특징은 검색을 유용하게 해주는 디지털 수단의 차용이다. 흔히 인터넷 블로그에 글을 쓸 때 '태그'를 사용한다. 태그 등록을 해 놓아야 향후 검색에 유용하기 때문이다. 마찬가지로 처음에 책을 건너뛰며 읽을 때에는 나중에 다시 책을 검토할 때 편리하도록 태그 등록을 해두어야 한다. 중요하다고 생각되는 문장은 반드시 밑줄을 그어두어야 하며, 밑줄 쳐야 할 부분이 길게 이어진다면 네모로 함께 묶어두어도 좋다. 핵심단어에는 동그라미도 쳐 둔다. 각 장에서 저자의 핵심주장을 담은 문장이라면 밑줄과 네모로 묶는 데서 더 나아가 별표라도 달아두어야 한다.

책은 깨끗이 볼수록 머리에 남는 게 없는 법이다. 밑줄, 동그라미, 네모, 그리고 빈 여백에는 메모도 해두어야 한다. 자기의견을 적어 둘 수도 있고, 갑자기 생각난 다른 자료, 그리고 같은 책의 어떤 부분과 연관성이 있는지 적어둘 필요도 있다. 나는 화살표도 적극 활용하고 있다. 저자는 어떤 결론에 도달하기 위해 빙빙 돌아가는 경우가 많다. 독자들을 설득하기 위해서이다. 따라서 원인과 결과, 문제제기와 대안 등의 연결을 위해서 나는 화살표도 이용하고 있다. 빙빙 돌다가 중간에 길을 잃지 않기 위해서다.

거꾸로 읽기: 책의 태생적 한계를 극복하고 독서를 성공시키는 방법

책을 빨리 읽으면서도 기억에 잘 남길 수 있는 방법 가운데 하나는 결론부터 읽는 것이다. 저자는 자신의 주장을 독자들에게 설득하기 위해 멀고 먼 길을 돌아가게 되어 있다. 먼저 자신의 주장을 펴기 전에 왜 자신이 그런 주장을 하게 되었는지 배경설명을 해야 한다. 그러자면 현재 어떤 문제들이 있는지 지적해야 하고, 이런 문제에 다른 이들이 어떤 대안을 내놓았지만, 충분치 않거나 잘못되어 있음도 지적해야 한다. 그리고 자신이 대안을 내놓기 전에 우선 예상되는 공격이나 반론으로부터의 방어책도 마련해 놓아야 한다. 그리고 나서 비로소 자신의 대안을 내놓고, 그 타당성을 입증해 줄 수 있는 증거를 열거하게 된다. 이렇듯 짜임새 있는 구성을 위해 친절하게도 충분한 배경설명을 곁들여 놓는 책들이 많으나, 이로 인해 중간에 길을 잃는 독자들이 생긴다. 물론 이러한 짜임새 있는 구성은 저자가 연구성과를 세상에 내놓기 위해서는 반드시 필요한 것이기는 하나, 읽는 입장에서는 그러한 순서대로 진행해 나가다가는 흥미도, 기억도 놓치기 십상이다.

앞서 말했듯이 독서에 있어서 비순차적 접근을 하기 위해서는 목차가 어느 정도 네비게이션 역할을 하지 않을 수 없다. 그런데 3장에서 지적하였듯이 출판사가 만들어 놓은 목차는 한계가 있으므로 1차적인 안내에만 만족해야 한다.(이 책 역시 마찬가지이다) 그리고는 재빨리 결론을 찾아 먼저 확인하는 자세가 필요하다. 예를 들어 책의 목차에는 독자의 흥미를 높이기 위해 의문문이 많다. '창조과학은 과학인가, 종교인가'라는 소제목을 보고 그 부분을 찾아 먼저 읽기 시작한다면, 처음부터 하나하나 읽어나가기 보다는 저자가 창조설이 과학이라는 의견에 서 있는지, 종교라는 의견에 서 있는지부터 빨리 찾아서 확인하고 읽는 편이 낫다. 마찬가지로 '다윈주의자가 기독교인이 될 수 있는가'라는 소제목이 달려 있다면 저자는 다윈주의자가 기독교인이 될 수 있다는 편에 서 있는지, 될 수 없다는 편에 서 있는지부터 먼저 확인하고 읽어야 도중에 길을 잃지 않고, 읽고 나서도 기억을 잘 할 수 있다. 그걸 어떻게 찾을 수 있냐고? 물론 처음에는 쉽지 않을 수 있다. 하지만 몇 번 노력하다 보면 그리 어렵지 않다. 다른 책을 인용하는 부분, 증거를 제시하는 부분, 배경설명 하는 부분 등이 빠르게 눈에 들어오기 시작한다. '이 부분에서는 저자가 한참 돌아가고 있구나' 하는 걸 쉽게 눈치챌 수 있다.

또한 각 장마다 독자들의 궁금증을 유발하기 위해 "~ 이유", "~ 방법" 식의 소제목도 많다. 예를 들어 '초기 로마가 강대국 사이에서 발전할 수 있었던 이유'라는 소제목이 달려 있다면, 그런 부분을 읽을 때에도 그 이유로 저자가 뭘 말하고 있는지 먼저 확인해야 한다. 로마가 처음 생겨날 당시 위로 아래로 어떤 강대국이 있었고, 로마가 어떤 위기를 맞이하였는지 구구절절 한 이야기부터 하나하나 다 읽는 대신 결론(저자가 생각하는 이유)부터 확인하고 읽는 것이다. 5장에서 다시 말하겠지만, 독서노트 역시 결론부터 적어야 한다.

결론(저자의 대안 혹은 주장)을 확인했으면 그 다음은 저자가 자기 주장의 타당성을 입증하기 위해 어떤 증거를 대었는지 확인한다. 그 증거들은 증거로서 타당성이 있는지, 신뢰성은 있는지 등을 생각하며 읽어야 한다. 이렇듯 책의 핵심사항을 먼저 확인하고 난 뒤에는 책을 다시 한번 꼼꼼히 읽을 필요가 있는지 판단해야 한다. 사실 다시 읽을 필요가 없는 책도 허다하기 때문이다. 예를 들어 저자의 대안이 참신하지 않거나, 증거가 미약한 경우도 많고, 심지어 다른 사람들의 주장을 짜깁기 하는데 그쳐서 자신의 주장은 거의 없는 경우도 많기 때문이다.

목차 수정하며 읽기: 상업성을 극복하고 독서를 성공시키는 방법

책이 어떻게 구성되어 있는지 알기 위해서는 목차를 잘 살펴보아야 한다. 독서법에 관한 책들 역시 목차의 중요성을 한결같이 강조하고 있다. 목차의 취지는 당연히 책의 구성을 독자들에게 제공하는데 있기 때문이다. 하지만 실제로도 목차가 책의 구성을 파악하는데 도움이 되고 있을까? 앞서 2장에서 살펴보았듯이 그렇지 못한 경우가 많다. 그 이유는 목차가 책의 구성을 솔직하게 독자들에게 전달한다는 본래의 취지보다는 소비자들이 책을 구매하도록 유도하기 위하여 호기심을 유발하는데 초점이 맞춰져 있기 때문이다. 독자들이 흔히 목차를 보고 책을 사기 때문에 목차의 문구들은 독자의 호기심을 유발하기 위한 수사로 가득 차 있다. 때문에 독자가 직접 1차 독서를 하면서 목차를 만드는 수밖에 없다. 목차는 본격적으로 책을 읽어나가는데 필요한 네비게이션의 역할을 하기 때문이다.

그렇다고 각 장의 구분까지 바꿀 필요는 없다. 각 장의 소제목만 바꾸어보면 되는 것이다. 각 장의 표제어가 어떻게 되어 있든, 아무든 각 장의 구분은 저자의 의도가 반영되어 있기 때문이다.

예를 들어 〈나쁜 사마리아인들〉이라는 책의 목차는 다음과 같다.

프롤로그 나라가 부자가 되려면
1장   렉서스와 올리브 나무 다시 읽기
2장   다니엘 디포의 이중생활
3장   여섯 살 먹은 내 아들은 일자리를 구해야 한다!
4장   핀란드 사람과 코끼리
5장   인간이 인간을 착취한다
6장   1997년에 만난 윈도 98
7장   미션 임파서블?
8장   자이레 대 인도네시아
9장   게으른 일본인과 도둑질 잘하는 독일인
에필로그 세상은 나아질 수 있을까?

이 책은 독자가 내용을 파악하기 쉽게 아주 잘 구성되어 있는 책이다. 하지만 표제어는 독자를 끌어들이려는 의도가 다분하여, 내용을 파악하고 구조를 알아내는 데 큰 도움이 되지 않는다. 다행히 각 장마다 부제가 달려 있기는 하지만 그것도 만족스럽지는 못하다.

그렇다면 각 장의 표제를 다음과 같이 바꾸어 보면 어떨까? 호기심을 자극하는 것과는 거리가 먼 딱딱한 목차이지만, 책이 어떤 문제를 제기하고 있으며 구성이 어떻게 되어 있는 지를 파악하는 데는 훨씬 도움이 된다.

프롤로그:
1장   세계화의 역사는 선진국에 의해 왜곡되었다.
2장   지금의 선진국도 보호무역을 통해 성장하였다.
3장   유치산업은 보호되어야 한다
4장   외국인 투자는 통제해야 한다
5장   민영화는 진정한 해답이 아니다
6장   지적소유권의 강화는 개도국의 발전기회를 앗아간다.
7장   개도국에 엄격한 재정건전성을 강조해서는 안 된다
8장   부정부패, 민주주의와 시장은 상호보완적이 아니다
9장   신자유주의의 정책실패를 정치와 문화의 핑계로 돌리면 안 된다
에필로그

이렇게 요약해 놓고 나면 이제 저자의 주장이 얼마나 타당한지를 확인하기만 하면 된다. 예를 하나 더 들어보자.

옥스퍼드 대학교수인 리처드 도킨스가 쓴 〈만들어진 신〉은 세계 석학들 사이에 찬반논란을 불러온 유명한 책이다. 무신론을 설파한

그 책은 일반 독자들을 대상으로 비교적 쉽게 쓰여져 있지만, 실제로 이 책을 주제로 독서모임을 주관하다 보면 많은 사람들이 읽기 힘겨워함을 알 수 있다. 대부분의 사람들이 책을 읽었음에도 불구하고 책 내용을 거의 기억하지 못했다. 이 책의 목차는 다음과 같다.

1장	대단히 종교적인 불신자
2장	신가설
3장	신의 존재를 옹호하는 논증들
4장	신이 없는 것이 거의 확실한 이유
5장	종교의 뿌리
6장	도덕의 뿌리: 우리는 왜 선한가?
7장	'선한' 책과 변화하는 시대정신
8장	내가 종교에 적대적인 이유
9장	종교로부터의 도피
10장	신이 우리에게 주는 것들

역시 각 장의 표제어들이 호기심을 불러일으키기에 충분하다. 하지만 그러한 호기심에 이끌려 책을 산 독자들 중 상당수가 아마도 다 읽는데 실패하고 말았을 것이다. 이렇게 600페이지에 가까운 두께에 압도당하기 쉬운 책은 특히 다음에 설명할 디지털 책읽기 방법을 적극 활용해야 한다. 또한 다음과 같이 스스로의 목차를 만들어 먼저 책의 구성을 파악하는 방법을 필히 이용해야 한다. 스스로 목차를 만들어 보는 방법은 읽기 어려운 책일수록 더욱 효과를 발휘한다. 중간에 읽다가 포기하기 쉬운 책일수록 이런 방법을 적극 활용

할 필요가 있다.

1장	종교의 위력: 종교가 다른 모든 문제를 압도한다.
2장	증명의 문제: 신이 존재한다는 가설은 다른 모든 과학적 가설들처럼 회의적으로 분석되어야 한다.
3장	유신론의 논리적 취약성: 신의 존재를 옹호하는 가설들은 매우 취약하다.
4장	무신론의 입증: 비개연성 논증은 신이 존재하지 않는다는 사실을 입증한다.
5장	종교의 기원: 종교는 과거에는 유용했던 심리적 성향의 불운한 부산물이다.
6장	이타적 행동의 원인: 우리가 선한 이유는 이타적 행동이 유리하기 때문이다.
7장	종교와 도덕의 관계: 현대의 도덕은 성경에서 나오지 않으며, 그래서도 안 된다
8장	종교의 해악성: 종교는 그 자체로도 해악하다
9장	종교교육의 문제: 아이들에게 종교에 관한 선택권을 줘야 한다.
10장	종교 역할의 대체: 우리에게 영감을 주었던 종교를 대체하는 건 가능하다.

책보다 주제를 독파하기: 저자에 동화되지 않고 독서를 성공시키는 방법

책을 읽는 행위는 도도히 흘러가는 강물 속에서 물고기를 잡는 것과 비슷하다. 수많은 물고기들이 자신을 스쳐 지나가는 모습에 이리저리 뒤쫓다 보면 한 마리도 제대로 잡기 어렵다. 또한 맨손으로 고기를 잡으려 하거나 낚싯대를 부지런히 놓는 방법으로는 역부족일 수밖에 없다.

물고기 한 마리 한 마리를 의식하기 보다는 물고기 떼를 노려 그물을 펼쳐야 한다. 즉 책 하나하나를 의식하기 보다는 하나의 주제를 노려 그물을 펼치는 것이다. 하나의 주제를 정해 여러 가지 책을 몰아서 읽는 방법이 효과적이다. 그리고 반드시 책만 고집할 필요도 없다. 그 주제를 다룬 신문, 잡지의 기사, 인터뷰, 다큐멘터리 등을 함께 수집해 그물을 만들어야 한다. 다행히 인터넷의 도움을 빌리면 이러한 자료를 찾는 일은 예전보다 훨씬 수월해졌다. 나는 독서모임을 주관하면서 이렇듯 여러 가지 수단을 병행하는데 그렇게 짠 그물에 고기들이 걸려 오는 느낌은 이루 말할 수 없을 정도로 행복하다.

흔히 책을 읽다 보면 그 저자의 논리에 함몰되어 전적으로 저자에게 동의하기 쉽다. 때문에 반대되는 의견, 다른 시각으로 보는 의견, 다른 입장에 서 있는 사람이 쓴 글 등을 함께 찾아 읽어야 보다 객관적인 자신만의 시각을 기를 수 있게 된다. 심지어 저자가 제시한 증거도 무조건 믿을 게 못 된다. 동일한 통계자료를 서로 다른 입장에 있는 사람들이 자신의 논리를 강화하기 위한 수단으로 사용하는 경우도 있고, 동일한 역사적 사실을 놓고도 저마다 다른 역사적 해석을 내놓기도 한다. 어떤 때에는 하나의 주제를 놓고 여러 책을 동시에 읽다 보면 각각의 책에서 미처 채우지 못한 구멍을 다른 책에서 채워주는 경우도 많다.

이렇듯 한 달에 하나의 주제를 놓고 공략한다고 하더라도 일년이면 무려 12개 분야에 대해 수많은 지식을 건져낼 수 있다. 이렇게 건져낸 지식은 머리에서 쉽게 사라지지도 않는다. 그물로 건져내는 방법은 맨손이나 낚시로 건져내는 것보다 획득 및 활용하는 정보의 양과 질에서 월등하다. 현대는 정보가 부족해서가 아니라 오히려 정보가 너무 많아서 문제이다. 무엇을 취사선택해야 하는지가 더 어렵다. 이럴 경우 하나의 책보다는 여러 가지 정보수단을 함께 이용하여 그물을 만든 뒤 하나의 주제(물고기떼)를 잡는 편이 훨씬 효과적이다.

완급조절하기: 독서의 속도를 높이는 방법

많은 사람들이 책을 빨리 읽을 수 있기를 소망한다. 그런데 무작정 눈을 빠르게 움직인다고 해서 속도가 높아지는 것은 아니다. 어떤 부분은 천천히, 또 어떤 부분은 빠르게 훑고 지나가는 완급조절을 잘해야 독서의 속도를 높일 수 있다. 마치 자동차를 운전할 때와 마찬가지이다. 무작정 액셀레이터만 밟는다고 빨리 달릴 수는 없다. 남들보다 안전하고 빠르게 운전하는 베스트 드라이버는 속도의 완급조절에 능한 사람들이다. 그렇다면 어떤 부분에서 속도를 내고 어떤 부분에서 속도를 줄여야 할까? 운전에 있어 완급조절의 핵심은 시야확보에 있다. 길이 곧고 시야가 충분히 확보되는 곳에서는 속력을 낼 수도 있고 잠깐 시선을 돌려 라디오를 켜거나 카세트 테이프를 바꿔 넣을 여유도 부릴 수 있다. 하지만 굽은 길이나 장애물이 자주 출몰할 가능성이 있는 길에서는 시야가 확보되지 않기 때문에 속도도 낮추어야 하고 시선을 떼서도 안 된다.

독서의 경우에도 속도를 높이기 위해서는 가능한 모든 수단을 동원하여 예측가능성을 높여야 한다. 따라서 책을 읽을 때는 늘 다음 단락에서 저자가 어떤 이야기를 풀어나갈지 예측하며 읽어야 한다. 예를 들어 저자가 자신의 주장을 뒷받침하기 위해 사례나 증거를 드는 부분은 비교적 빠르게 지나갈 수 있다. 또 핵심주장을 부연설명하는 부분도 비교적 속도를 높여야 한다. 책에 따라서는 이러한 부연설명이 장황하게 이어지는 경우도 많다. 경우에 따라서는 한 챕터를 통째로 건너뛸 수도 있다. 처음 차를 모는 사람들은 어느 장소, 어느 때나 천천히 가지만, 숙련도가 높고 특히 길을 잘 알고 있는 경우(예측도가 높은 경우)에는 보다 빠르면서도 정확하고 안전하게 목적지까지 갈 수 있는 것과 같은 이치이다. 독서도 완급의 조절없이 처음부터 빠짐없이 읽어나갈 경우에는 오히려 이해도도 떨어질 뿐 아니라, 책을 끝까지 읽는데 성공할 확률도 떨어진다.

독서의 속도를 높이기 위해서는 가능한 모든 수단을 동원하여 예측가능성을 높여야 한다.

예를 들어 살펴보기로 하자. 〈몰입〉으로 유명한 칙센트 미하이칙센트 교수의 최근작 〈몰입의 재발견〉 첫 부분을 통해 예측가능성과 속도의 문제를 알아보자. 책이 없으신 분은 일단 온라인 서점의 미리보기 기능을 사용하면 책의 첫 머리를 볼 수 있다.

1 | 마음은 어떻게 작동되는가

The Mind and History

우선 소제목으로부터 예측을 위한 단서를 얻는다. 단서를 얻어야 하는 이유는 운전자가 시계視界를 가능한 한 많이 확보해야 속도를 낼 수 있는 것과 마찬가지이다. 1장은 그 제목대로 마음의 작동원리에 대해 저자가 뭐라고 설명하는지 유념하며 읽어나가자.

대각선으로 눈을 움직이며 이곳이 속도를 내서 빨리 지나갈 수 있는 곳인지 그렇지 않은 곳인지 파악한다. 단, 대각선 이동은 페이지 단위가 아니라 문단 단위로 한다. 각 챕터와 마찬가지로 문단은 저자가 나누어 놓은 의미단위이기 때문이다.

각 문단마다 핵심문장은 맨 처음에 오거나 맨 마지막에 오는 경우가 많다. 이러한 경험도 예측가능성을 높이는데 도움이 된다. 첫 번째 문단의 경우에는 마지막 문장이 핵심이라 할 수 있겠다. 저자는 가장 중요한 것이 우리 삶이라는 사실을 주장하기 위해 우주를 대비시켜 글을 시작했다.

우리는 해마다 우주가 믿기 어려 다. 수십 억 은하계와 거기에 있는 리를 온갖 방향으로 회전하는 모습 고 초대형 입자가속기로 볼 물질의 는 별무리 같은 기이한 입자들이 신비로운 궤도를 따라 질주한다. 이러한 엄청난 힘들이 작용하는 공간에서, 인간의 삶은 우주의 시간을 기준으로 했을 때 1초조차 되지 않는 순간에 지나간다. 하지만 우리 각자에게 모든 은하계와 블랙홀과 초신성을 다 합한 전체보다 중요한 것은 바로 그 짧은 생애, 드문드문 소중한 순간으로 채워진 우리의 삶이다.

게다가 이러한 느낌에는 그럴 듯한 이유가 있다. 파스칼[1]이 말했듯 인간은 갈대처럼 연약할지 모르나 생각하는 존재이고, 그 의식[2]으로 우주의 장대함을 생각한다. 지난 수백 년 동안 인류는 자연계에서 더욱 중추적인 자리를 차지했다. 우리는 최근에서야 우리를 앞서간 수백만

36

년을. 쉬지 않고 변하는 환경에서 무수히 많...
로 자리를 뒤바꾸면서 지나온 영원 같은 시...
수 있게 되었다. 이레 우리는 우리의 독특...
나 만물의 영장으로 남을 것이라고 잠시나...
성찰 의식에는 막대한 책임도 따라온다는 점을 이해하게 되었다. 우리
가 이 행성에서 진화의 선두에 있다는 사실이, 성장과 조화를 일궈내는
데 힘을 투입할 수도 있고, 물려받은 가능성을 낭비하여 혼돈과 파괴의
물결이 일게 할 수도 있다는 뜻이라는 점을 알게 되었다.

> 두 번째 문단은 첫 문장을 보면 앞의 주장에 대해 부연설명 하는 곳임을 알 수 있다. 부연설명을 하는 부분은 예측 가능성이 비교적 높으므로 가능한 한 속도를 높여 통과할 수 있다.

| 진화의 전망

> 소단락의 제목도 예측가능성을 높이는 단서이다. 저자는 진화가 인간의 마음을 움직이는 중요한 요소라고 단정하고 있음을 알 수 있다.

더 나은 미래로 가게 해주는 것을 선택하려면, 진화에 작용하는 요소를
인식해야 한다. 결국 우리가 하나의 종으로서 번공하거나 실패하는 것
은 그 요소들에 좌우되기 때문이다. 나는...
을 검토하고 그런 지식이 일상생활에 미치...
스스로 어떤 문제에 직면해 있는지 더 잘 이...
갈 가망도 커질 테고 어쩌면 되도록 긍정적인 목표를 향해 나아갈 수도
있을 것이다.

> 앞부분에 그 단락의 핵심이 나와 있다. 그 뒤는 핵심을 강화하는 부연설명이다. 역시 속도를 높일 수 있는 부분이다.

진화를 염두에 둘 때 일어나는 한 가지 결과는 과거를 사뭇 진지하게
받아들이게 된다는 점이다. 로마인들은 말했다.

"자연은 비약적으로 발전하지 않는다Natura non fecit saltum."

오늘날 우리의 모습은 수천 년 전 우리 조상들에게 작용한 영향력들
의 결과이고, 인류의 미래는 현재의 선택에 좌우될 것이다. 그러나 그
선택은 인간이 진화 과정을 거치면서 얻은 특성들에 제약을 받는다. 우
리의 선택은 신체 기능을 조절하는 유전자와, 원치 않을 때 화가 치거

1_ 마음은 어떻게 작동되는가 37

나 성욕이 일어나게 만드는 등의 본능에 휩쓸린다. 또 문화유산, 곧 남자에게는 남자답게 여자에게는 여자답게 처신하라고 가르치는 체제 혹은 자신과 다른 종교 신도에게 옹졸하게 대하라고 가르치는 체제에도 제약을 받는다.

역사의 물결을 바꾸려 노력할 때, 과거가 우리에게 지운 이러한 제약들에 눈감아서는 안 된다. 그렇지 않으면 오로지 좌절과 환멸만 느끼게 되리라. 반대로 의식과 행동을 결정하는 이러한 요소들을 알고 나면 도리어 거기에서 벗어날 수 있다. 무엇을 생각하고 느끼며 어떻게 행동할지 자유로이 결정할 수 있게 된다는 뜻이다. 역사의 현시점에서 우리는 자신의 제아를 생물학적 충동과 문화적 습관의 조산

핵심을 강화하는 부연설명

이고 개인적인 창조물로 만들 수 있다. 그러한 자아라면 자유를 인식하되 두려워하지 않을 것이다. 모든 형태의 삶을 즐기고, 점차 다른 사람들과 동질감을 느끼고 더 나아가 온 생명과 하나라고 느낄 것이며, 최후에는 세상에 생명을 불어넣는 힘(그러나 우리 인식을 초월하는 힘)과 하나라고 느낄 것이다. 진화의 결과로 뿌리내린 편협한 이익을 초월할 때, 자아는 진화의 방향을 결정할 수 있게 된다. 그러나 진화의 방향을 통제하는 것은 개개인이 혼자 노력해서 이루어낼 일이 아니다. 따라서 어떤 사회단체가 긍정적인 진화 과정을 뒷받침해줄지, 그리고 어떻게 그런 단체를 더 많이 만들어낼지 고려해야 한다.

이것이 간략히 살펴본 이 책의 취지다. 나는 먼저 인류가 지금처럼 되는 데 영향을 미친 과거의 요소들을 검토할 것이다. 과거의 속박에서 벗어나는 데 유용한 삶의 방식을 살펴보고, 삶의 질을 높이고 즐겁게
책의 취지를 소개하는 부분임을 알 수 있다. 숙련된 독자라면 속도를 내도 좋은 부분이다.
하며, 자아의 성장과 자유를 사회 전체의 성장과 을 고찰할 계획이다. 분명 이 책의 목표는 책 한 무나 방대하다. 지식은 갈수록 늘어가고, 경험은

38

시간과 함께 무르익는다. 이러한 문제에 관해 글을 쓴다는 것은 그 자체로 진화 과정이다. 천천히 변하지만 결코 끝나지 않는. 그러나 나는 이 책이 이 과정의 첫걸음이 되기를 바란다.

부분적으로는 바로 그런 이유로, 각 장 끝에 탐구와 성찰이라는 한 질문 을 수록하고 독자가 자신의 생각을 적을 수 있도록 했다. 이것은 이 책의 논의가 끝나지 않았다는, 독자가 자신의 기호에 따라 논의를 계속할 수 있다는 겸양의 표시다. 저술하고 출판하고 책을 쓰는 일은 어떤 문명에서나 가장 오래된 학문의 관습이다. 독자가 책의 여백에 자신의 생각을 기록하는 것 역시 그러한 문화의 일부분이다. 요즘은 책에 여백이 많지 않다. 따라서 독자가 능동적으로 참여하도록 대안을 제시하는 것도 좋은 방법이리라. 당신도 적극적으로 참여하기 바란다.

> 책의 구성을 소개하는 부분임을 알 수 있다. 숙련된 독자라면 속도를 내도 좋은 부분이다.

| 세계는 하나

그리 멀지 않은 과거에 아내와 나는 로키산맥의 고원에서 열리는 주민모임에 참여할 기회가 있었다. 해발 2,700미터로, 장대한 산봉우리들 틈새의 계곡에 시원한 냄새가 나는 그곳 공기는 송진 향이 가미된 듯했다. 벌새들이 처마 밑으로 휙휙 날았고, 독수리 한 마리가 빙 돌았다. 모임이 열린 마을회관은 통나무와 유리로 만든 기분 좋은 곳으로, 천정은 솟아오르는 대성당 모양이었고 마당은 아름답게 가꾸어져 있었다. 주차장에는 최신식 사륜구동 자동차들이 반짝였다. 참석한 사람은 약 60명으로, 모두 열의가 가득하며 자신 있어 보였다. 어떤 이는 농장주였고, 어떤 이는 간호사였고, 어떤 이는 교사였고, 어떤 이는

> 사례를 말하는 부분임을 알 수 있다. 아마도 소단락 제목인 '세계는 하나'라는 사실을 입증하는 사례이리라. 역시 예측가능성이 높으므로 속력을 내어도 좋다. 대각선으로 훑어가며 속도를 낸다.

먼 도시에서 비정규직으로 이전해온 사람이었으며, 또 어떤 이는 인근 스키 리조트에서 일하는 직원이었다.

처음에 모임은 그런 모임이 대체로 그렇듯이 미결 안건과 규정에 관한 의견과 의사록을 승인했다. 그러나 얼마 지나지 않아 한 호리호리한 농장주가 일어나더니 첫 번째로 불평을 털어놓았다. 그 ┌─────────┐
                                                                      │ 사례 부분 │
에서 북쪽으로 20여 킬로미터나 떨어진 곳에 사는데도 겨울에는 └─────────┘ 그 마을 벽난로에서 피어오르는 연기가 골짜기를 가득 메워 마치 교전 지역을 운전하는 느낌이 든다고 말했다. 그러자 그 옆의 나이든 남자가 일어서더니, 다들 알다시피 전국에서 연어 낚시에 최고 명소로 꼽히는, 아니 꼽히던 블루강의 상태가 끔찍하다고 이야기했다. 불행히도 연방 교통과는 주요 도로의 고갯길이 겨울철에도 통행되도록 하려고 매년 빙판길에 모래 수 톤을 쏟아 부었다. 그 모래는 물에 휩쓸려 강으로 흘러들어갔고, 결국 연어가 알을 낳는 구석이나 틈새를 메워버렸다. 이제 블루 강에서 부화하는 새끼 연어는 거의 없었다.

고속도로 건이 언급되자 청중에서 질문이 나왔다.

"현재 이 지역에서 일어나는 도난사건과 강도사건 발생률은 얼마입니까? 도로를 새로 깐 뒤로 범죄율이 400퍼센트 늘어났다는 말이 사실입니까?"

보안관은 대답했다.

"예, 발전의 대가로 치러야 할 몫인 셈이죠." ┌─────────┐
                                              │ 사례 부분 │
도로가 생기기 전에는 도시의 '쓰레기들'이 굳이 이 └─────────┘ 한 길을 뚫고 와서 가택에 침입하지는 않았다. 그러나 이제 도로가 빠르고 편리해져서 범죄자들도 다니기가 쉬워졌다는 이야기였다. 연기나 연어나 도난사건은 빙산의 일각일 뿐이라고, 한 나이 지긋한 농장주가 끼어들었다. 그가 일어서더니 감정을 주체하지 못하는 소리로 말했다.

40

"중요한 것은 '우리가 마시는 물이 어떻게 되느냐' 이겁니다. 물이 없으면 아무도 살아남지 못해요. 이 땅의 가치는 용수권用水權에 달려 있습니다. 하지만 마을 동서쪽의 도시들이 거대한 지하터널을 만들어 우리 땅에서 물을 빼가는 바람에 물이 마르고 있어요. 몰초지도 갈색으로 변하고 버석버석해지고 있고, 동물들도 말라가고 있단 말입니다."

회의가 이러한 식으로 흘러가면서, 내가 처음 짐작했던 것과는 상황이 다르다는 점이 점차 분명해졌다. 처음에 나는 독립적이고 자주적이며 풍요로운 미국인들이 모여서 의사를 결정하는 모습을 지켜보게 될 줄 알았다. 회의 끝날 때가 되자 세상의 고뇌에서 동떨어져 있다고 자랑스러워하던 자그마한 마을이 사실은 먼 곳에서 일어나는, 그들이 어쩔 도리가 없는 경제·정치·지리적 상황에 완벽히 휩쓸리고 있다는 점을 알게 되었다. 그때 나는 오래 전부터 막연하게 느끼던 사실을 깨달았다. 이제 외부 세상에서 어떤 일이 일어나는지 의식하지 않은 채 자신의 미래를 그릴 수 있는 땅은 지구상에 남아 ○○○

일화를 2개 더 들어보면 이해에 도움이 될 것이○○ 친구인 한 캐나다 출신 교수가 아내와 함께 은퇴하○ 섬세하고 합리적인 사람이어서 지구상에서 그들이 찾을 수 있는 가장 안전한 장소로 들어가기로 결심했다. 수년 동안 연감과 백과사전을 꼼꼼히 읽으면서 살인사건 발생률과 건강 통계수치를 점검하고, 바람이 주로 어떻게 부는지 조사(혹시 모르는 핵 유출물이 바람을 타고 올지 몰라서)하더니 드디어 완벽한 안식처를 발견했다. 이들은 1982년 초에 어떤 섬에 있는 집을 구입했다. 두 달 뒤 집은 파괴되고 말았다. 그들이 선택한 곳은 다름 아닌 '포클랜드 제도(1982년 아르헨티나와 영국 사이에 전쟁이 일어난 곳-옮긴이)'였다.

또 다른 일화는 한 친구의 친척 이야기인데, 그 사람은 엄청나게 부

> 사례를 정리하여 결론을 내리는 부분을 만나면 브레이크를 밟아 속도를 낮추도록 한다.

어쩌면 책을 이렇게 분석적으로, 또 기술적으로 읽어야 할 필요가 있느냐고 반문하는 사람도 있을지 모른다. 물론 천천히 가벼운 마음으로 독서의 즐거움을 만끽할 수 있지만, 생각의 힘을 키우고자 하는 독서를 원한다면 그에 맞는 효율적인 기술이 필요하다. "슬로우~, 슬로우~, 퀵!, 퀵!" 마치 우아한 댄스를 추는 것처럼 완급조절의 연습은 독서의 속도를 높이는데 반드시 필요하다. 처음에는 잘되지 않을 수도 있지만, 자신이 익숙한 분야에서부터 이런 습관을 들이면 점점 여러 분야의 책으로 확대해 나갈 수 있다.

책을 읽는다는 건, 저자가 구축해 놓은 책 속의 지식을 자신의 머리 속에 자신의 스타일대로 옮겨 놓는 일이다. 따라서 집을 지을 때처럼 우선 골격을 먼저 파악해서 뼈대부터 옮겨 놓고, 그 다음에 기둥 사이에 벽을 쌓고, 창문을 붙이고, 문을 달아 놓아야 한다. 창문이나 실내 장식을 한두 개쯤 빠뜨릴 수는 있지만, 각각의 기둥을 제 모습대로 옮겨오지 않고는 책을 읽었다고 말할 수 없다. 흔히 많은 사람들이 두서없이 벽돌만 옮겨 놓고는 책을 읽었다고 생각한다. 무작위로 쌓아놓은 머릿속 벽돌 더미들은 시간이 조금만 흘러도 여기저기 깎이고 물에 떠내려가서 별로 남아있지 않게 된다. 책을 읽고 나서 며칠만 지나면 책 내용이 가물가물한 이유가 바로 이 때문이다.

뼈대와 골격을 찾기 위해서는 위에서 보여주는 것처럼 저자의 논리전개를 예측해 가며 완급을 조절하는 방법이 효과적이다. 책의 모든 부분을 같은 속도로 빠짐없이 읽어나가는 방법으로는 웬만해선 첫날 3분의 1도 읽기 어렵다. 며칠 있다 다시 읽자면 기억이 가물가물해서 다시 처음부터 본다. 그러다가 또 얼마 안가 독서를 보류하고, 또 며칠 있다 읽을 때는 앞부분부터 다시 본다. 부정사나 동명사 편만 열심히 보던 과거의 성문종합영어의 꼴을 면치 못하는 것이다.

기회는 옆으로 지나간다

직원채용을 위해 이력서를 검토하다 보면 몇 년간 공백이 보이는 지원자들을 심심치 않게 보게 된다. 물어보면 그 기간은 대부분 각종 고시나 공무원 시험을 준비하던 시간이었다. 물론 목표를 정해 놓고 열심히 노력하는 것은 좋은 태도이다. 하지만 문제는 하나의 목표에만 몰입되어 다른 소중한 기회들을 놓치고 젊은 시절의 아까운 시간을 허비하는 경우이다. 심지어 어떤 사람은 20~30대의 거의 대부분의 시간을 고시에 허비하는 경우도 있다. 지금도 전국의 고시촌과 학원에서는 칠전팔기의 정신으로 자격증 시험에 매진하는 젊은 이들이 수백만을 헤아리고 있을 것이다.

혹시 우리는 '장원급제'에 대한 동경과 '칠전팔기' 정신의 미덕에 너무 빠져 있는 것은 아닐까? 잭 트라우트는 〈호스센스〉라는 책에서 "왜 단 하나의 기회에만 매달려 성공의 기회를 스스로 좁히려 하는가? 마음을 열어라. 무수한 가능성들이 기다리고 있다"고 외친다.

사실 우리의 인생은 애초에 목표했던 대로만 살아지는 것은 아니다. 아니, 오히려 그렇지 않은 경우가 훨씬 많다. 잭 트라우트는 말한다. "목표를 세우고 나면 사람들은 마치 경주마처럼 곁눈가리개를 뒤집어쓴다. 눈앞에 보이지 않는, 발길에 차이지 않는 기회는 모두 놓치고 마는 것이다. 자신이 어디로 가는지 분명히 아는 상황에서는 주변의 샛길들을 전혀 보지 않는다. 그 샛길들이 일생에 한 번 주어질까 말까 한 기회로 이어지는 경우가 많은데도, 목표에만 오로지 매진하는 사람들은 어두운 터널 속에서 아무것도 보지 못한 채 힘들게 달리기만 할 것이다."

실제로 살다 보면 과거에는 생각지 못했던 기회를 발견하게 되는 경우가 많다. 미국의 유명한 코미디언인 밥 호프는 가수의 꿈을 키웠지만 가수로서의 재능이 부족해 경력을 전환했다. 세계적인 가수 훌리오 이글레시아스는 축구선수였고, 골프 여제 안니카 소렌스탐은 소녀시절 국가대표 탁구 선수를 하다가 핸드볼 선수를 거쳐 골프에 입문했다. 미국 프로농구의 '걸어 다니는 만리장성' 야오밍은 수구선수였지만 다리가 풀 바닥에 닿을 정도로 키가 계속 자라면서 수구를 포기해야 했다.

서장훈은 중학교 때까지 야구선수였고, 최경주는 중학교 2학년 때까지 역도를 했다. 벼룩시장으로 유명한 미디어윌의 주원석 회장이 유학 가서 공부에만 매진했다면 지금의 벼룩시장이라는 큰 사업은 시작할 수 없었을 것이다. 오페라 평론가가 된 신경과 의사 박종호, 투자 전문가 시골의사 박경철, 시사프로그램 진행자로 탈바꿈한 개그우먼 김미화, 역도선수로 활약하다 허리부상으로 봅슬레이로 전향한 뒤 동메달을 딴 김정수 선수, 그리고 창던지기, 원반 던지기, 스키 선수였던 그의 동료들 등등 새로운 기회를 찾아 본업을 바꾸거나 제2의 전문영역을 개척한 사람들은 너무도 많다.

PART 05

5단계
독서노트
작성법

생각하지 않고 읽는 것은
씹지 않고 식사하는 것과 같다.

에드먼드 버크

독서노트
작성사례

기억에 남겨 미래에 활용하기 위해서는 독서노트의 작성이 꼭 필요하다. 그렇다고 겁을 먹거나 부담스러워 할 필요는 없다. 독서노트는 최대한 짧고 간단하게 만들수록 좋기 때문이다. 그리고 기존의 서평 스타일의 독서노트는 작성하는데 시간만 오래 걸릴 뿐 효과는 크지 않다.

독서노트는 책의 구성을 살펴 보는 1차 독서에서 발견한 키워드를 중심으로 간단히 작성해 본다. 흩어져 있는 기둥들을 모아 본격적으로 집을 짓는 것이다. 주의할 점은 절대 거창하고 충실하게 작성하려 노력하지 말라는 것이다. 독서노트의 목적은 책의 내용을 갈무리해서 기억하기 좋게 만들 뿐 아니라, 향후 필요할 때 즉시 내용을 회상할 수 있게 하는데 있다. 따라서 기억이 많이 지워진 미래의 자신에게 프레젠테이션 한다는 생각으로 간략하게 정리해야 한다.

서술식의 독서감상문은 빠르게 훑어보기도 어려울 뿐 아니라, 아예 다시 보게 되는 경우도 별로 없다. 기업에서 사용하는 보고서처럼 요점만 간단히, 그리고 짧게 짧게 끊어서 길지 않게 정리한다.

독서노트는 어떤 식으로 기록해야 할까?

기업에서 상사에게 프레젠테이션을 해본 경험이 있는 사람이라면 빨리, 그리고 최대한 간략하게 요점을 먼저 전달해야 함을 잘 알고 있을 것이다. 만약 장황하게 이야기를 풀어나간다면, 아마도 상사는 당신의 말에 귀 기울이는 대신, 배포한 보고서를 연신 뒤적이며 짜증난 표정으로 요점이 뭔지부터 찾을 것이다.

독서노트도 마찬가지여야 한다. 비록 자신에게 보고하는 것이긴 해도 우선 책의 내용을 단 몇 문장으로 요약해서 무슨 책인지부터 알려줘야 한다. 〈흐르는 강물처럼〉이라는 영화에 보면 주인공 브레드 피트는 어린 시절에 학교를 가지 않고 아버지로부터 홈 스쿨링을 받는다. 주인공 아버지는 아들에게 작문을 가르치면서 내용을 반으로 줄이라고 말한다. 아들이 반으로 줄여오자 다시 반으로 줄이라고 한다. 아들이 반으로 줄여오자, 다시 또 반으로 줄이라고 말한다. 마찬가지로 책의 내용을 요약하고 또 요약해서 마침내 2-3줄 정도로 책의 핵심을 정리해 보아야 한다. 그래야 누가 책의 내용을 물어보더라도 쉽게 대답할 수 있다. 꼭 남의 물음에 대답하기 위해서가 아니라, 자신의 기억 속 서랍에 적절히 태그를 붙여놓기 위해서이다.

아무리 많은 책을 읽어도 적절할 때 끄집어내어 활용할 수 없다면
아무 소용이 없기 때문이다.

몇 문장으로 책의 내용을 간단히 요약하고 나면, 저자의 논지를
몇 개로 구분해 보아야 한다. 저자의 논지들은 저자가 제기한 문제,
그리고 그에 대한 대안으로 구성되어 있다. 저자의 논지를 몇 개로
정리해 보는 것은 앞서 만든 목차가 큰 도움이 된다. 새로 만든 목차
를 그대로 저자의 논지로 정리해도 되지만, 때로는 중복되는 부분을
합치거나 분리해야 할 부분을 분리하기도 한다. 필자가 작성하는 간
단한 독서노트의 예를 들어보면 다음과 같다.

독서노트 사례1 화폐전쟁

간단요약
국제 금융재벌들은 화폐전쟁을 벌이고 있다. 전 세계 화폐 발행권의 독점
이라는 궁극적인 목표의 완성을 위하여 세계경제를 '통제하면서 해체' 해
런던과 월가가 축이 되어 통제하는 '세계정부', '세계화폐', '세계세금' 체
제를 완성하려 한다. 중국은 이에 맞서 새로운 기축통화를 만들어야 한다.

세부주장
주장1 세계 금융의 역사는 음모와 모략의 역사다.
주장2 유대계가 지배하는 국제 금융재벌들은 화폐 독점 발행을 통해 유럽
    과 미국의 경제를 장악했다.
주장3 채무와 화폐를 연계시킴으로써 금융재벌들은 막대한 이익을 누리

고 있다.

주장4 미국은 국민의 세금을 저당 잡아 영원히 갚지 못할 빚을 누적하고 있다.

주장5 금융재벌들은 화폐를 이용해 불황을 조장하고 다른 나라의 기업과 생산시설을 헐값에 인수한다.

주장6 가짜 돈을 퍼붓는 뉴딜정책은 고지혈증과 동맥경화를 일으키고, 인류문명을 파괴로 몰고 간다.

주장7 세계경제를 구할 유일한 길은 연금당한 화폐의 제왕 '금' 의 부활이다.

주장8 중국은 국제금융재벌에 맞서 금융개방을 억제하고, 새로운 기축통화를 만들어야 한다.

　

반장밖에 안 되는 독서노트이지만, 처음에는 이렇게 간단하게 시작하는 편이 좋다. 별게 아닌 것 같아도 효과는 아주 크다. 실제로 책을 읽고 나서 꽤 시간이 지난 뒤 기억이 가물가물 할 때, 이렇게 자신이 만든 간단한 독서노트를 다시 한번만 보더라도 책의 내용이 다시 살아난다. 간단하지만 독서노트를 작성하는 사람과 작성하지 않은 사람은 책의 내용을 기억하는데 있어서 하늘과 땅 차이를 보인다. 분량이 좀 아쉽다고 생각하는 사람은 저자의 핵심문장, 혹은 자신이 감명 깊었던 문장을 모아서 정리해 두는 것도 좋다.

밑줄긋기

- "경제를 예측하는 데 지식의 양보다는 상식과 논리의 힘이 크다"
- "채무의 화폐화야말로 현대 경제에 도사린 심각한 잠재적 불안이다"
- "강성한 국가가 하락세를 걸을 때 … 정부는 언제나 화폐를 평가절하 하는 것을 시작으로 높은 채무에서 도피하고 국민의 재산을 갉아먹으 려고 기도한다. 이때 부는 자기를 보호해줄 곳을 찾아 흘러가 버린다."
- "역사적으로 화폐의 평가절하를 이용해서 재산을 사기하는 나라는 결 국 그 재산에 의해 내침을 당했다."
- "여기를 봐도 채무, 저기를 봐도 채무, 사방이 채무다. 지금 위안화는 채무화폐의 깊은 나락으로 빠르게 미끄러지고 있다. 미국과 상황이 다 른 점이 있다면 중국은 미국처럼 신규화폐를 흡수할 발달한 금융파생 도구 시장이 없다는 것이다. .. 결국 일본의 증권신화나 부동산 투기 광 풍이 중국에서도 재현될 것이다."
- "부는 그것을 보호하고 가치를 높여줄 수 있는 곳으로 흘러가게 마련 이다. 강한 부의 창조력과 안정적인 화폐 시스템은 중국을 세계의 부가 집중하는 중심이 되게 해 줄 것이다."

　　책을 읽다 밑줄을 쳤던 내용을 그대로 두지 말고 위의 사례처럼 독서노트에 옮겨 적는 것이 나중에 한번이라도 더 볼 수 있게 해 준 다. 책을 한번 읽고 나면 여간 해서는 다시 책을 들추어보지 않기 때 문이다. 참고로 경제경영서의 경우에는 다음의 예처럼 생소한 용어 를 정리해두거나 책에서 거론되지 않은, 자신이 발견한 사례를 참고 로 적어두는 것도 기억에 오래 남기고 사고를 확장하는데 큰 도움이 된다.

독서노트 사례2 새로운 미래가 온다

간단요약

미래는 분석하는 좌뇌형 전문가 대신 통합하는 우뇌형 전문가의 시대, 즉 하이컨셉과 하이터치 능력을 지닌 인재들의 전성시대가 될 것이다. 미래 인재들에게 필요한 6가지 능력은 디자인, 스토리텔링, 조화, 공감, 놀이, 의미이다.

세부주장

주장1 지식근로자들은 풍요, 아시아의 부상, 자동화로 인해 큰 변화를 강요 받고 있다.

주장2 정보화 시대에서 개념과 감성의 사회로 변화하고 있다.

주장3 기능, 서비스, 경험, 라이프 스타일만으로는 부족하다. 디자인으로 승부하라. (디자인)

주장4 정보와 데이터는 넘쳐나는 시대이기에 설득과 의사소통에 효과적인 스토리텔링 능력이 중요하다. (스토리)

주장5 집중과 전문화가 중요한 산업화 시대와 정보화 시대와는 달리 앞으로는 타 분야를 접목하는 조화와 통합의 능력이 필요하다. (조화)

주장6 정보와 분석도구가 발전한 세계이기에 논리만으로는 안 된다. 타인과 정신적 유대를 할 줄 아는 공감의 능력이 필요하다. (공감)

주장7 진지함보다는 유머와 놀이가 더욱 대접받는 시대이다. (놀이)

주장8 물질적으로 풍요해진 시대이기에 정신적인 의미를 찾을 수 있는 능력이 존중 받는다. (의미)

용어정리

하이컨셉

- 트렌드와 기회를 감지하는 능력
- 무관해 보이는 아이디어의 결합을 통해 남들이 전혀 생각하지 못한 아

이디어를 창조하는 역량
- 예술과 감성적 아름다움을 창조하는 능력
- 창의성과 독창성에 기반한 새로운 아이디어 창출과 실현능력

하이터치
- 마음의 공감을 이끌어내는 능력
- 인간관계의 미묘한 감정을 이해하는 능력
- 어떤 사람의 개성에서 다른 사람을 즐겁게 해주는 요소를 도출해 내는 능력
- 평범한 일상에서 목표와 의미를 이끌어내는 능력

내가 찾은 사례
- 새로운 컨셉은 죽은 산업도 되살린다: 사양산업이던 서커스를 예술장르로 승화시킨 '태양의 서커스 퀴담', '아트 서커스 네비아'
- 마술에 스토리와 공감 접목: 데이비드 카퍼필드의 러브스토리 마술
- 큰 돈을 버는 공감 기술자: 평범한 사람들을 출연시켜 그들과 공감하는 능력으로 포춘 500대 부자에 오른 오프라 윈프리
- 상상력과 감성만으로 성공 가능 : 해리포터 작가 조앤롤링
- 통합과 융합으로 성공: 난타 (비언어극에 드라마적 요소가미, 사물놀이 리듬접목)

다음에 소개할 〈만들어진 신〉의 경우에는 내용도 방대하거니와 저자가 유신론자로부터 지금껏 받아온 온갖 공격들에 대해서 반박을 해 놓았기 때문에 뼈대를 찾아 건너뛰어 읽지 않으면 중간에 책 읽기를 포기하기에 십상이다. 주장의 뼈대, 그리고 둘러가는 부분을 구분해서 읽지 않으면 결코 읽기 쉬운 책이라고 보긴 어렵다.

독서노트 사례3 **만들어진 신**

간단요약

신은 유해한 망상이며, 무언가를 설계할 정도로 충분한 복잡성을 지닌 창
조적 지성은 오직 확장되는 점진적 진화과정의 최종 산물로 출현한 것이
다. 모든 생물은 자연선택에 의한 진화의 최종산물이다. 무신론은 마음이
건전한 독립성을 갖고 있다는 증거이므로 자긍심을 가져야 한다.

신God**가설**
"우주와 우리를 포함하여
그 안의 모든 것을, 의도를
갖고 설계하고 창조한 초
인적, 초자연적인 지성이
있다."

신 가설에 대한 대안
"무언가를 설계할 정도로
충분한 복잡성을 지닌 창
조적 지성은 오직 확장되
는 점진적 진화 과정의 최
종산물로 출현한 것이다."

세부주장

주장1 신이 존재한다는 가설은 다른 모든 과학적 가설들처럼 회의적으로
　　　분석되어야 한다. (증명의 문제)

주장2 신의 존재를 옹호하는 가설들은 매우 취약하다. (유신론의 논리적
　　　취약성)

주장3 비개연성 논증은 신이 존재하지 않는다는 사실을 입증한다. (비개
　　　연성 논증)

주장4 종교는 과거에는 유용했던 심리적 성향의 불운한 부산물이다. (종
　　　교의 기원)

주장5 우리가 선한 이유는 이타적 행동이 유리한 상황 때문이다. (이타적
　　　행동의 원인)

주장6 현대의 도덕은 성경에서 나오지 않으며, 그래서도 안 된다. (종교
　　　와 도덕의 관계)

주장7 종교는 그 자체로 해악하다. (종교의 해악성)

주장8 아이들에게 종교에 관한 선택권을 줘야 한다. (종교교육의 문제)

주장9 종교의 역할은 대체 가능하다. (종교의 대체 가능성)

부주장별 설명

주장1 신이 존재한다는 가설은 다른 모든 과학적 가설들처럼 회의적으로 분석되어야 한다. (증명의 문제)

● 신의 존재는 일시적 불가지론의 상자에 들어있는 과학적 가설이다.

● "과학과 종교는 관할 영역이 다르다"는 주장에 대한 비판: 과학이 답할 수 없다는 사실이 종교가 답할 수 있다는 의미는 아니다.

● 신의 가설이 신이 법칙을 만들고 일시적으로 이를 어김으로써 개입하기도 하는 초자연적 행위자를 포함한다면 초지성체의 존재 여부는 분명 과학적 질문이다.

● 거증책임: 거증책임은 불신자에게 있는 것이 아니라 신자에게 있다.

● 개연성: 중요한 것은 신이 반증 불가능하냐가 아니라, 신의 존재가 개연성이 있느냐이다. 신이 증명될 수도, 반증될 수도 없다고 해서 신의 존재 확률이 50퍼센트라고 가정할 이유가 없다.

● 확률 스펙트럼: 신의 존재가 어떤 식으로든 확실하게 증명되거나 반증될 수 없다고 할지라도, 가용증거와 추론을 통해 50퍼센트에서 먼 확률 추정값을 얻을 수 있을 것이다.

주장2 신의 존재를 옹호하는 가설들은 매우 취약하다.

● 토마스 아퀴나스의 '증명': 종식자에게 신의 속성을 부여할 이유가 없다.(회귀논증) 비합리성(정도논증), 설계논증 만이 지금까지 널리 사용됨.

● 존재론적 논증(연역적 논증): 신이 있느냐 없느냐는 '변증법적 속임수'를 통해서는 결정할 수 없는 아주 큰 문제다.

주장3 비개연성 논증은 신이 존재하지 않는다는 사실을 입증한다. (비개
연성 논증)

● 창조론자들이 주장하는 비개연성 논증: "복잡한 것들이 우연을 통해
출현할 수 없다." 그러나 설계자 자신은 더 있을 법하지 않은 존재일
수밖에 없다.

● 지적설계론: 우연은 설계자가 아닐 것이라는데 동의. 그러나 설계자
자신의 기원이라는 더 큰 문제를 야기

● 우연은 통계적 비개연성이라는 문제 자체이고, 설계는 그것으로 회귀
한다. 진정한 해답은 '자연선택'

● 자연선택: 단순하면서도 생명의 다양하고 난해한 복잡성의 근원. 누적
적 과정이기에 비개연성이란 문제를 작은 조각들로 나눔

● 진화: "크고 엄청나고 명석한 것이 그보다 못한 것을 만든다는 개념"
을 깨고 지극히 반직관적인 일을 하는 작동 가능한 과정

주장4 종교는 과거에는 유용했던 심리적 성향의 불운한 부산물이다. (종
교의 기원)

● 신에 대한 욕구 이유: 플라세보 혹은 통치수단

● 부산물 이론: 다른 상황, 혹은 과거에는 유용했던 심리적 성향의 불운
한 부산물

● 인간은 다른 어떤 종보다 더 앞선 세대들의 축적된 경험을 토대로 생
존. 가르침은 엄숙한 방식으로 무의미한 것까지 통째로 전달할 가능성
이 높다.

● 종교는 미신을 비롯한 비사실적인 신앙들이 다윈 선택과 유사한 것을
통해 국지적으로 진화, 분화한 패턴

● 밈: 문화의 전달에도 유전자처럼 복제역할을 하는 중간 매개물이 필요
한데, 이 역할을 하는 정보의 단위, 양식, 유형, 요소

● 유전자풀의 유전자들처럼, 우세한 밈들은 스스로를 복제하는데 뛰어
나다.

주장 5 **우리가 선한 이유는 이타적 행동이 유리한 상황 때문이다.** (이타적 행동의 원인)

● "비종교적인 방식으로 종교와 도덕의 뿌리를 설명할 수 있다"

● 다윈주의 논리: 생명의 계층 구조에서 살아남아 자연선택이라는 여과지를 통과하는 단위가 이기적인 경향을 지닐 것이다. 살아남는 단위들은 계층구조에서 같은 수준에 있는 경쟁자들을 희생시킴으로써 살아남는데 성공한 단위

● 유전자: 이기적인 경향이 나타나는 단위. (생물이나 집단이나 종은 자신의 사본을 만들지 않고, 그런 자기복제를 하는 실체들의 풀에서 경쟁을 하지도 않음)

● 이타적 행동: 이기적 생존을 도모

주장6 **현대의 도덕은 성경에서 나오지 않으며, 그래서도 안 된다** (종교와 도덕의 관계)

● "비종교적인 방식으로 종교와 도덕의 뿌리를 설명할 수 있다"

● 변화하는 시대정신: "우리는 경전으로부터 도덕을 이끌어내지 않는다."

● 직접지시와 역할모델 어느 것으로도 성경은 도덕적이지 않다.

주장7 **종교는 그 자체로 해악하다.** (종교의 해악성)

● 근본주의 종교는 과학적 탐구심을 적극적으로 꺾으려 한다. 마음을 바꾸지 말고 알아낼 수 있는 걸 알려고 하지 말라고 가르침. 과학을 전복시키고 지성을 부패시킨다.

● 비난의 대상은 종교 그 자체. 부드럽고 온건한 종교도 극단주의가 자연스럽게 번성할 수 있는 분위기를 제공한다.

● 종교 신앙은 신앙이기 때문에 존중 받아야 한다는 원칙을 우리가 받아들이는 한, 빈 라덴과 자살 테러범들의 신앙에 대한 존중을 유보하기 어렵다.

- 진정으로 유해한 것은 신앙 자체가 미덕이라고 아이들에게 가르치는 행위이다. 신앙은 그 어떤 정당화도 요구하지 않고 어떤 논증도 참지 못하기 때문에 악이다.

주장8 아이들에게 종교에 관한 선택권을 줘야 한다. (종교교육의 문제)
- 자신들이 태어날 때 지닌 신앙이 참된 신앙이며, 다른 신앙은 정도를 벗어났거나 전적으로 틀렸다는 생각은 뻔뻔함
- 아이들에게 의문 없는 신앙이 우월한 가치를 지닌다고 가르치는 대신 자신의 믿음을 통해 질문하고 생각하는 법을 가르친다면, 자살 테러범은 없어질 가능성이 높다.

주장9 우리에게 영감을 주었던 종교를 대체할 수 있다. (종교의 필요성)
- 종교가 인간 삶에서 해온 주요한 역할 ? 종교가 빠진 틈새를 어떻게 메울 것인가?
- 설명: 현재 과학으로 전면 대체
- 위로: 종교가 위로하는 힘이 있다고 해서 진실이 되는 것은 아니다.

각 세부주장 별로 저자의 설명을 간략히 요약한 형식이다. 어렵고 복잡할 것 같지만 책을 읽으면 쳐 놓았던 밑줄을 정리하면 된다. 결코 어려운 작업이 아니다.

한편 저자의 주장과 그 주장을 증명하기 위해 내세운 증거를 분리해 정리할 수도 있다. 다음은 〈아웃라이어〉에 관한 필자의 독서노트 사례이다.

독서노트 사례4 **아웃라이어**

간단요약
아웃라이어는 역사와 공동체, 기회, 유산의 산물이다.

세부주장
주장1 성공은 '누적적 이득' 의 결과이다.
주장2 복잡한 업무의 수행에서 탁월성을 보이려면 최소한의 연습량 확보
　　　가 결정적이다.
주장3 일정수준 이상에서는 IQ와 성공 사이에 상관관계가 없다.
주장4 중산층 이상의 자녀가 성공하는 이유는 실용지능을 키울 수 있는
　　　집중양육의 덕택이다.
주장5 성공은 다양한 기회의 조합이다.
주장6 집중양육이 불가능하면 긴 수업시간이 대안이다.

세부주장별 설명
주장1 성공은 '누적적 이득' 의 결과이다.
● 작은 차이가 큰 차이를 낳는 기회로 이어지고, 그것은 또 다른 기회로
　이어져 결국 아웃라이어로 성장하게 한다. 그런데 출발선상에 있는 사
　람들에게 기회를 주는 사회 시스템이 반드시 효율적이지는 않다.
증거 캐나다 하키팀 생년 월, 유럽 축구팀, 국제 수학과학연구경향 성적

**주장 2 복잡한 업무의 수행에서 탁월성을 보이려면 최소한의 연습량 확보가
　　　결정적이다.**
● 진정한 전문가가 되기 위해 필요한 '매직넘버' 는 1만 시간이다.
증거 빌 조이(선 마이크로 시스템 창업주), 비틀스, 빌게이츠, 모차르트

주장 3 일정수준 이상에서는 IQ와 성공 사이에 상관관계가 없다.

- IQ보다는 상상력이다. 아무리 뛰어난 천재도 혼자서는 자기 길을 만들어가지 못한다.

증거 루이스터먼의 관찰, 노벨상 수상자 학벌, 소수인종의 로스쿨 졸업자들 성공비율, 모차르트

주장 4 중산층 이상의 자녀가 성공하는 이유는 실용지능을 키울 수 있는 집중양육의 덕택이다.

- 실용지능: 뭔가를 누구에게, 언제, 어떻게 말해야 최대의 효과를 거둘지 등을 아는 것 (세상으로부터 원하는 것을 얻어내는데 필요한 방법, 후천적 지식, 권한에 대한 감각)
- 집중양육: 적극적으로 아이들의 재능, 의견, 기술을 길러주고 비용을 대는 것. (가난한 부모는 '자연적인 성장을 통한 성취', 불신, 거리를 두는 법, 의심하는 법을 은연 중 가르친다)

증거 랭건 vs. 오펜하이머, 터마이트 730인의 기록(가정환경이라는 재앙)

주장 5 성공은 다양한 기회의 조합이다.

- 언제, 어디에서 태어났는가, 부모의 직업, 양육환경 등이 중요하다. 성공에 필요한 기회가 늘 자신이나 부모에게서 오는 건 아니다. 살고 있는 시대로부터도 온다.
- 자율성, 복잡성, 노력과 결과의 연관성: 시장조사, 대량생산, 대중문화의 맥락을 짚어내는 법, 세상을 움직이는 양키들과 협상하는 법의 학습

증거 조셉 플롬, 뉴욕 변호사의 조건, 1900년대 의류업 종사 유태인(전문직 종사자들의 모판)

주장 6 집중양육이 불가능하면 긴 수업시간이 대안이다.

증거 마리타 이야기

각각의 세부주장에 대한 간략한 설명과 저자가 제시한 증거들을 분리해 정리해 보았지만 다 합해도 분량이 1장 정도밖에 되지 않는다. 책을 읽지 않은 상태에서는 이처럼 간략한 독서노트 내용만으로는 책의 내용을 파악하기 어렵겠지만, 책을 읽은 상태에서는 이 독서노트만 보아도 책의 내용이 줄줄이 고구마 줄기처럼 새록새록 딸려 나올 것이다. 다음은 조금 더 길게 독서노트를 작성해 본 사례인데, 분량은 좀 되더라도 간단한 보고서 형식이기에 되새김질해 읽기에는 부담이 없다.

독서노트 사례5 설득의 심리학

간단요약
인간은 심리적으로 특수한 상황에 처했을 때 자신도 모르게 더 잘 설득당한다. 이를 알면 남을 설득하는데 도움이 되고, 반대로 상대방이 거는 설득의 기술에 잘 대처할 수 도 있다.

세부주장
1 인간은 권위에 복종하는 경향이 있다. (권위의 법칙)
2 인간은 다수의 행동을 따르는 경향이 있다. (사회적 증거의 법칙)
3 인간은 자신의 행동에 일관성을 부여하는 경향이 있다. (일관성의 법칙)
4 인간은 호감을 느끼는 상대에게 협력하는 경향이 있다. (호감의 법칙)
5 인간은 빚진 느낌이 들면 이를 갚고자 하는 경향이 있다. (상호성의 법칙)
6 인간은 상실에 대한 두려움으로 희귀한 것에 집착하는 경향이 있다. (희

귀성의 법칙)

세부주장별 설명

주장1 인간은 권위에 복종하는 경향을 보인다

- '권위 체계'의 이점: 복잡하고도 정교한 인간사회의 구성과 운영을 가능하게 해준다.
- 왜 우리는 권위에 복종하는가? : 부모, 학교, 법률, 군대, 종교 등 교육의 영향.
- 권위에 대한 복종은 거의 무의식적인 차원에서 자동적으로 일어남
- 권위의 법칙에 대항하는 자기방어전략

1 전문가는 맞는가? – 권위에 합당한 능력을 갖고 있는가?

2 전문성과 트릭을 구별하라 – 권위의 상징물은 쉽게 조작될 수 있다.

3 신뢰받는 권위자로 위장하는 이미지에 속지 말라.

증거 불합리한 권위에 대한 복종의 사례: 스탠리 밀그램의 전기충격 실험, 나치독일의 유태인 학살, 미군의 베트남 학살, 아브라함의 행동

권위를 이용하는 전략: 과시전략(동물들 몸 크기 과장, 옷차림, 자동차), 권위의 상징(직함, 학력 등) 이용

주장2 인간은 다수의 행동을 따르는 경향을 보인다.

- 다수의 행동을 따르는 이점: 실수감소. 시행착오를 줄이고 지름길 발견.
- 다수의 행동으로 인한 설득: 다른 사람의 행동에 의해 더 쉽게 설득된다
- 사회적 증거의 법칙에 대항하는 자기방어전략

1 조작된 사회적 증거는 쉽게 구별된다 – 박수부대, 바람잡이, 평범한 사람 모델

2 사회적 증거가 나타나는 프로세스 상의 오류를 점검하라 – 어이없는 소문

증거 무리를 대동한 정치 발표장, 간증, 팁 바구니 안에 미리 넣어둔 돈,
영업사원의 고객명단, 공포증 치료, 베스트셀러 효과, 사이비종교
'다수의 무시' 현상: "다른 사람들 역시 사회적 증거를 찾고 있다"
구경꾼은 도와주지 않는다.

주장 3 인간은 자신의 행동에 일관성을 부여하는 경향을 보인다.

● 자동화된 일관성의 혜택: 경제성 (과거에 내렸던 결정에 의존하지 않
고 매번 심사 숙고하여 의사결정을 해야 한다면 힘들다.)

● 일관성의 법칙에 대항하는 자기방어전략

1 유익한 일관성과 어리석은 일관성의 차이를 상대에게 지적하라.

2 자신이 처음에 의도했던 바를 되돌아 본다.

증거 일관성의 법칙을 이용한 '개입의 전략' | '작은 것부터 시작하여 크
게 만든다' | '문전 걸치기 기법' | 자발적 개입을 증명할 기록을 남
긴다. | 공식적인 약속은 생명력이 길다. | 고난의 경험이 일관성을
강화한다. | 미끼기법 – 자기 스스로 자신의 선택을 강화

주장4 인간은 호감을 느끼는 상대에게 협력하는 경향이 있다.

● 호감의 법칙에 대항하는 자기방어전략

● 경계의 시점 – 어떤 사람을 필요이상으로 좋아하고 있지는 않은가?

● 우리에게 어떤 요청을 하는 사람에 대한 감정과 그의 요청에 대한 감
정이 섞여선 안 된다. (ex: 영업사원과 그가 권하는 물건을 분리시켜
생각해야 한다)

증거 호감(애정)을 높이는 방법: 지인 이용 – 소개, 추천, 상호성 | 외모
이용 – 후광효과 | 공통점 발견 – 유사성 효과 | 칭찬– 카드 보내기 |
접촉(스킨십) – 해리할로의 가짜 원숭이 실험 | 상호협력의 기회 –
경험 | 긍정적인 연상– 자동차 모델, 신용카드, 문화적 유행에 연결
하려는 노력, 만찬기법, 인기인과 연결하는 정치인, 대리만족

독서노트 사례6 나쁜 사마리아인들

간단요약

신자유주의자들이 주장하는 핵심 명제인?1) 자유무역 2) 자본시장 개방
3) 민영화 4) 강력한 특허권 보장은 선진국들의 이익을 위해 조작된 주장
이며, 진실은 그 반대이다.

세부주장

주장1 세계화의 역사는 왜곡되었다
주장2 유치산업은 보호되어야 한다
주장3 외국인 투자는 통제해야 한다
주장4 민영화는 해답이 아니다
주장5 지적소유권의 강화는 개도국의 발전기회를 앗아간다
주장6 개도국에 엄격한 물가안정과 재정건전성을 강조해서는 안 된다
주장7 부정부패의 척결이 산업화의 전제는 아니다
주장8 민주주의와 시장은 상호보완적이 아니다
주장9 신자유주의의 정책실패를 정치와 문화에게로 핑계를 돌리면 안 된다

세부주장별 설명

주장1 세계화의 역사는 왜곡되었다

- 신자유주의자들은 자유무역을 해야 나라가 부유해진다고 말하지만,
  자신들의 역사는 이와 반대다. 선진국들은 보호무역을 버림으로써
  부유해진 게 아니라, 부유해지고 나서 보호무역을 버렸다.
- 자신들이 뒤쳐져 있을 때에는 보호무역을 통해 산업화를 달성하고, 이
  후에는 자신들의 이익을 극대화하고 다른 나라들의 추격을 따돌리기
  위해 자유무역을 주장해 온 것이 세계화의 진실이다.

증거 후진적인 시절 영국과 미국의 보호주의 정책 | 신자유주의 경제정책
  에 따른 나라들의 저성장 | 신자유주의자들의 선전과는 달리 선택적,

점차적으로 경제를 개방했던 한국, 대만 중국의 고성장

주장 2 유치산업은 보호되어야 한다

● 자유무역은 개발도상국의 유치산업이 성장할 가능성을 앗아간다. 기술적으로 뒤처진 생산자들은 새로운 기술을 배우는 동안 국제적인 경쟁으로부터 보호 받을 필요가 있다.

● 리카도의 비교우위 무역이론은 현재 상태를 그대로 감수하려는 사람들을 위한 것이지, 현재 상태를 바꾸려고 하는 사람들을 위한 것은 아니다.

● 자유무역 이론은 주어진 자원을 단기간에 어떻게 효과적으로 사용하는가와 관련된 이론이지, 장기적인 경제발전을 통해서 가용자원을 늘려가는 것과 관련된 이론은 아니다.

증거 멕시코: 80년대 광범위한 무역 자유화로 수입 대체 산업화 시기에 일구어 놓은 산업 모조리 파괴 | 칠레: 농업을 위해 공업이 희생

주장 3 외국인 투자는 통제돼야 한다

● 경기변동을 증폭한다. 즉, 일시에 몰려와서 자산버블을 형성하고, 상황이 악화되면 한꺼번에 철수함으로써 경기 침체를 악화시킨다.

● 기술이전, 국내부품조달, 수출의무 등과 관련된 이행요건을 부과하지 않으면, 파급효과(고용, 기술획득, 전시효과 등)를 얻기 어렵다.

● 초국적 기업들이 핵심활동을 본국 밖으로 이전하지 않으려 하기 때문에, 장기적으로는 국내 유치산업 발전을 가로막는다.

증거 개발도상국들: 선진국의 강권에 자본시장을 개방한 뒤로 금융위기를 훨씬 자주 경험함. | 핀란드: 외국인 투자를 규제해온 덕분에 노키아를 비롯해 자국 기업이 독립적으로 기술적, 경영적 능력을 발전시킬 수 있었음. | 외국인 투자규제에 가혹했던 일본, 미국, 한국 (1990년대 말 신자유주의 정책을 채택하기 전까지)의 성공.

주장4 민영화는 해답이 아니다

● 기업의 국유화에 반대하는 세 가지 주장(대리인 비용, 무임승차, 연성
예산)은 상장된 민간기업에도 똑같이 적용되는 문제이다.

● 즉, 민간기업에 고용된 경영자들 역시 최대한 공을 들일 동기가 없고
(대리인 비용), 개인 주주들 역시 고용된 경영자들을 감독할 만한 동기
가 없으며(무임승차), 정치적으로 중요한 민간 기업들 역시 보조금과
구제금융조치까지 기대(연성예산)한다.

● 자연독점 사업, 필수서비스를 공급하는 기업들은 국영기업으로 유지
되어야 한다. 이러한 분야를 민영화 한 뒤, 선택적인 규제나 지원을 해
서 관리하기는 사실상 어렵다.

● 국영기업은 자본시장이 발전되어 있지 않고 규제와 징세 능력이 취약
한 개발도상국에서 더 필요하다.

● 굳이 민영화하지 않더라도 국영기업의 성과를 향상시키고, 감독 시스
템을 개선하며, 경쟁을 증가시킬 수 있는 방법은 있다.

증거 민영화로 인한 부작용사례: 영국의 철도산업, 미국의 캘리포니아주
전기산업, 필리핀의 메이닐라드 수도산업 | 국영기업 성공사례: 싱
가포르 항공, 포스코, 르노 등

주장 5 지적소유권의 강화는 개도국의 발전기회를 앗아간다

● 오늘날 선진국들도 후진적이었던 시절에 하나같이 다른 나라의 특허
권, 상표권, 저작권을 닥치는 대로 침해했다.

● 부자나라들은 자신들의 과거는 잊고, 개발도상국들에게 전례 없는 강
력한 지적소유권을 강요하고 있다.

● 특허권은 지나치게 보호될 경우 기술적 독점을 이용하여 소비자를 착
취하고, 승자독식 구조에서 빚어지는 낭비를 초래하며, 개발도상국의
기술 흡수를 어렵게 한다.

증거 미국: 저작권 순수입국이었을 때는 저작권 협정에 서명하지 않다가
1891년이 되어서야 국제저작권 협정에 서명. 심지어 20세기인

1988년 이전까지도 국외에서 출간된 저작물에 대해서는 저작권을 인정하지 않음 | 스위스: 독일의 화학적 발명 차용 | 독일: 영국의 상표 차용 | 미국: 영국의 저작권 차용

주장 6 개도국에 엄격한 물가안정과 재정건전성을 강조해서는 안 된다.

● 물가상승과 경제 성장은 양립 가능하다.

● 정부 예산은 매년 균형을 맞추거나 흑자가 나도록 노력하기 보다는 경제순환 주기에 맞추는 것이 장기적인 발전을 위해 필요하다.

증거 70년대 한국의 물가상승률은 20%에 가까웠지만 경제는 고속성장 | 한국의 외환위기 때 IMF가 적자지출을 막는 바람에 도산속출, 실업률은 3배 이상 치솟음. | 정작 미국의 위기 때는 상반된 처방

주장7 부정부패의 척결이 산업화의 전제는 아니다.

● 부정부패가 개도국에 대한 원조중단의 구실이 될 수는 없다.

● 경제 발전이 정부의 행정능력 향상으로 이어지고, 다시 세금징수능력 증대, 그리고 공무원 봉급 인상, 복지정책 확대, 부정 적발 및 처벌에 자원투입 증대가 순차적으로 일어남

● 규제완화가 경제 효율성을 증대시키고 정치가와 관료들의 자원 할당 권력을 상실케 한다는 주장은 신빙성 의문. 신공공관리NPM는 오히려 민간부문과의 계약 증대로 뇌물수수의 기회를 증대시킴.

증거 18세기 이전까지 영국과 프랑스도 공직매매 성행, 선거부패 | 인도네시아: 부패하나 경제성장

주장8 민주주의와 시장은 상호보완적이 아니다

● 민주적인 결정은 대개 시장의 논리를 뒤엎는다.

● 1달러 1표 원리 vs. 1인 1표 원리

● 경제의 탈정치화는 민주주의의 훼손

● 독립된 중앙은행, 독립적 규제기구, 독립적 세무기구 등 정부의 선택

을 억제

증거 19세기 자유주의자들 민주주의에 반대 | 독재치하에서도 경제성장
한 나라들(한국, 대만, 싱가포르, 브라질) | 미국: 우방이 독재일 경
우 방관

주장9 신자유주의의 정책실패를 정치와 문화에게로 핑계 돌리면 안 된다.
● 경제발전에 확실하게 좋거나 나쁜 문화란 존재하지 않는다. 단지 자신
들의 문화 속에 들어 있는 '원료들' 을 가지고 무엇을 하느냐에 따라 결
과가 달라질 뿐이다.
● 사람들의 행동이 문화에 의해서 결정되는 것은 아니다.
● 문화는 경제가 발전함에 따라 변화한다.
증거 과거 못살던 시절, '게으른 일본인, 도둑질하는 독일인' 이라는 평가.
시대에 따라 민족성에 대한 평가가 달라짐

독서에서 반드시 해야 할 일은 아무리 간단하더라도 책의 설계도
를 작성하면서 머리에 집을 짓는 것이다. 그리고 그 설계도는 바로
독서노트이다. 여유가 없다면 맨 앞에 소개된 〈화폐전쟁〉의 경우처
럼 반장 정도만 정리하더라도 독서노트는 꼭 작성하며 읽는 습관을
들이자. 처음부터 욕심을 부려 무리할 필요는 없다.

자기 마케팅

"죄송한데 선생님의 경력이 뭔가요?"

P씨의 이력서를 보면서 헤드헌터가 말했다. 경력을 잔뜩 적어 놓았는데, 경력이 뭐냐니. 지금껏 들어왔던 말 중에 가장 큰 충격이었다. 나름대로 무역, IT, 콘텐트 산업 분야 등에서 두루 경력을 쌓았다고 자부했지만, 반대로 그러한 두루두루 경험으로 인해 도대체 특성을 알 수 없는 수수께끼 인물로 비춰졌던 것이다. 시름에 빠진 그는 그제서야 비로소 앞으로의 여생은 '내가 가장 하고 싶은 일, 그리고 가장 잘 할 수 있는 일'에 집중해야겠다고 생각했다. 우리들 중에는 정체를 알 수 없는 '회색인간(정치적 의미가 아닌)' 혹은 존재감이 느껴지지 않는 '투명인간' 같은 사람들이 많다. 알고 보면 나름대로 재능과 장점을 겸비했지만, 자신의 장점을 스스로 발견하지 못하고 이를 살려내고 있지 못하는 사람들이다. 자신이 자신을 잘 모를진대 다른 사람이 이를 발견하고 '기회'의 손길을 제공하기란 요원한 일이다.

이제는 무슨 일이든 하나만 잘 하면 잘 살 수 있는 세상이 되었다. 심지어 수다만 잘 떨어도(그것도 남자가) 성공할 수 있다. 노홍철은 개그맨도 아니고, 배우나 탤런트도 아니고, 그렇다고 모델도 아닌 어정쩡한 모습으로 시청자 앞에 나타났다. 현영은 또 어떤가. 그녀 역시 모델로 데뷔는 했지만 패션쇼에서 그녀를 본 사람은 많지 않다. 오히려 '하이톤'이라는 듣기 거북한 목소리를 무기로 텔레비전 연예 프로그램에 나오기 시작했다.

정체가 불분명했던 그들은 총알 같은 수다와 듣기 거북한 높은 목소리로 자신의 존재를 시청자들의 머리에 각인시켰다. 배우, 탤런트, 가수, 개그맨 등 전통적인 연예인의 분류 어디에도 속하지 못했던 이들이 언뜻 비호감일 수 있는 정체성으로 자기 마케팅에 성공한 것이다. 일단 존재감이 생기고 난 후에는, 가수, 탤런트, 개그맨 등 전통적인 영역으로 활동의 폭을 넓혀 나갔다.

인생의 선배들은 젊은이들에게 충고하길, 아무리 사소한 듯 보이는 일이라도 '뭐' 하면 가장 먼저 떠오르는 인물이 되는 것이 어떤 직장에 다니느냐 보다 더 중요하다고 말한다. 이는 단지 연예인뿐만이 아니라, 각 분야의 모든 전문가들에게 해당되는 말이다.

〈마케팅 불변의 법칙〉 등으로 유명한 마케팅 전문가 잭 트라우트는 〈마케팅, 명쾌함으로 승부하라〉라는 책에서 기업이든 개인이든 자신만이 갖고 있는 명확함obvious를 찾아내어 차별화 하라고 강조한다. 경영 또는 마케팅 컨셉트는 유행처럼 빨리 왔다가 빨리 지나간다. 식스 시그마, 롱테일, 게임이론, 러브마크, 브랜드 초월성, 감성 브랜딩, 입소문 마케팅, 브랜드 잼 등 온갖 수사어가 마케팅 업계를 혼란스럽게 하고 있지만, 결국 마케팅의 근본은 차별화에 있다는 것이다.

조직의 정체성이 반드시 개인의 정체성과 일치하지는 않는다. 기업뿐 아니라 개인도 남과 다른 어떤 능력과 장점이 있는가를 잘 드러낼 수 있어야 한다. 당신이 어떤 일을 잘 할 수 있는지 남들이 잘 알 수 있어야 기회의 손길도 나타나지 않겠는가.

PART 06

6단계
출력방법

기억에 의해서가 아니라 사색에 의해서
얻어진 것만이 참된 지식이다.

톨스토이

내가 주장하는 독서법의 핵심이 무어냐고 묻는다면, 단연코 '생각하는 독서'라고 답할 것이다. 앞서 설명한 '디지털 독서법'은 책을 읽는 방법론이고, 보다 근본적인 독서의 원칙은 '생각하는 독서'이다. 독서의 목적이 '생각하는 힘'을 기르는데 있다고 생각하기 때문에 그건 당연하다. 단순히 오락용으로 책을 읽는 경우도 있겠지만, 책의 미덕은 뭐니뭐니해도 사고의 힘을 높여주는데 있기 때문이다. 그리고 생각의 힘을 기르는데 유용한 수단의 하나가 '북배틀'이다.

막연히 책을 읽다 보면 흔히 저자의 견해를 일방적으로 받아들여 수용하게 된다. 물론 책의 내용을 제대로 이해하고 기억하는 일도 만만치 않은 일이긴 하지만, 그것만으로는 의미가 없다. 저자의 지혜를 토대로 자신의 견해를 발전시켜 나가야만 책을 읽는 진정한 의미가 있다. 앞서 얘기했듯이 지금 우리의 모습은 과거 우리가 해온 의사결정의 결과이다. 그리고 책을 통해 간접경험과 지식을 얻고자 하는 이유도 궁극적으로는 올바른 의사결정을 위한 판단력과 직관력을 얻는 데 목적이 있다. 때문에 '생각하는' 독서, 저자의 견해를 비판하고 자신의 견해를 발전시켜 나갈 수 있는 독서만이 이 책의 관심사이다.

책의 미덕은 뭐니뭐니해도 사고의 힘을 높여주는데 있다. 그런데 나의 경험상 생각의 힘을 기르는데 유용한 수단의 하나가 '북배틀' 이다.

따라서 늘 책을 읽으며, '반대되는 주장은 없을까?', '저자의 견해는 타당할까?' '어떤 측면에서 반대되는 주장이 가능할까? 라는 질문을 해보아야 한다. 그리고 그러한 질문에 대답을 해 나가는 과정에서 생각의 힘이 커질 뿐 아니라, 책의 핵심을 빨리 잡아내는 능력도 생긴다. 그러다 보면 당연히 책을 읽는 속도도 빨라진다. 거듭 이야기하지만 책을 읽는 속도는 일부 장사꾼들의 말처럼 눈동자의 움직임과는 상관이 없다. 생각의 힘이 커지면 독서의 속도는 자연히 빨라지게 된다.

입력만큼 중요한 출력의 과정

생각의 힘을 키우기 위해서는 입력하는 과정만으로는 안 된다. 출력하는 과정이 있어야 한다. 입을 통해서건, 글을 통해서건 자신에게서 토해져 나오는 과정을 거쳐야만 입력된 정보와 지식이 비로소 자신의 것이 된다. 누군가에게 뭔가를 가르쳐 본 경험이 있는 사람이라면, 피교육자일 때보다 교육자의 입장에 있을 때 더 많은 걸 배운다는 사실을 알고 있을 것이다. 신기하게도 피교육자는 가만히 앉아 있고 교육자는 서서 떠들어대는데도, 오히려 피교육자가 더 피곤한 법이다. 그리고 교육자는 가르치는 과정과 가르침을 준비하는 과정에서 피교육자보다 더 많은 내용을 익히게 된다. 그만큼 출력하는 과정은 입력 못지않게 중요하다.

책에서 읽은 내용을 출력하기 위한 방법 중 하나는 다른 사람과의 대화나 토론 시에 활용하는 것이다. 그건 아는 척을 하기 위해서가 아니다. 자신의 의견을 이야기할 때 과거 읽었던 책 속의 지식을 활용해 보는 노력을 하다 보면, 점점 대화의 폭이 넓어지고 대화를 주도해 나가는 사람이 되는 자신을 발견할 수 있다.

만약 주변 사람들과 그런 기회를 잘 마련하기 어렵다면 독서모임에 나가 토론하는 습관을 들이는 것도 좋은 방법이다. 독서모임을 해보면 같은 책을 읽고도 이해와 메시지의 해석이 저마다 제 각각임을 알게 된다. 어떤 사람은 독서모임에 나와도 다른 사람의 의견을 듣기만 하는데, 독서모임은 자신의 의견을 발표하는 장으로 활용해야 한다. 발표도 하고 다른 사람의 의견에 자신의 의견을 보태기도 하면서 생각의 깊이가 깊어져 간다.

그런데 흔히 독서모임은 책만큼이나 지루하고 김빠지는 경우가 많다. 특히 책을 잘 이해하지 못했으면서도 제 맘대로 발언시간을 늘리는 참가자라도 있으면, 토론의 수준은 떨어지고 진행은 산만하게 된다. 따라서 독서모임에서는 진행자의 역할이 중요하다. 한두 사람에게 발언이 집중되지 않도록 해야 하며, 자신의 고정관념을 다른 사람에게 강조하는 사람은 적절히 제어해야 한다. 자신의 고정관념에서 탈피할 생각이 없는 사람은 독서의 범위도 편협할 뿐 아니라, 자신이 원하는 내용만 골라 왜곡한다. 또한 책을 읽고 느낌을 돌아가며 말하는 평면적인 방법으로는 참가자들의 지속적인 흥미를 유지하기 어렵다. 많은 사람들이 처음에는 의욕적으로 참여하다가 점차 열기가 식곤 하는 경우가 허다하다.

따라서 책 한 권을 읽고 이야기하기 보다는 하나의 주제를 놓고 되도록이면 대조적인 견해를 펴는 책으로 북배틀을 하는 방법을 추천하고자 한다. 이는 내가 직접 사용하여 큰 효과를 본 방법이기도 하다. 사실 책이라고 해서 반드시 진리만을 담고 있는 것은 아니다. 서로 같은 주제를 놓고서도 반대되는 대안을 제시하는 저자들이 수두룩하다. 만약 그 사람들이 각자 대변인을 통해 배틀을 벌인다면 어떨까? 이러한 가정하에 상상의 나래를 펴면 자연스레 생각을 하는 적극적인 독서가 완성된다.

북배틀의 이점
독서노트 작성단계가 책 내용을 보다 잘 기억하게 만드는 단계였다면, 북배틀 단계는 자신의 생각을 확장하는 단계이다. 따라서 생각의 힘이 가장 크게 발휘되는 시기이기도 하다. 만약 독서모임에 참석이 어렵다면 혼자서라도 상반되는 책을 놓고 가상의 논쟁을 해 볼수 있다. 그럴 경우 앞서 독서노트처럼 일일이 기록을 다 할 필요는 없고 논쟁이 될만한 주제들만 적어놓고 곰곰이 생각의 시간을 가지면 된다.

아래의 예에서는 독자들의 이해를 돕기 위해 머리 속 가상의 논쟁을 글로 풀어 보이고자 한다. 가상의 논쟁이므로 유치하더라도 익살맞게 하는 편이 더 낫다. 상상으로 펼치는 가상의 대결이므로 모든 것이 자신의 상상에 달려있다.

북배틀의 판정기준

북배틀도 가상의 게임이니만큼 승부를 판정하는 기준이 필요하다. 물론 책마다 고유의 가치가 있으므로 어떤 책이 절대적으로 상대되는 책에 비해 우월하거나 열등하다고 말할 수는 없다. 하지만 책과 책의 가상대결에서 내가 사용하는 판정기준은 다음과 같다.

채점항목	청코너	홍코너
주장(가설)의 참신성		
주장(가설)의 효용성(가치)		
증거나 사례의 적절성		
증거나 사례의 타당성		
가독성		

5점: 매우좋음 4점: 좋음 3점: 보통 2점: 별로 1점: 매우 별로

❶ 주장(가설)의 참신성: 수많은 다른 책들이 주장하는 바와 똑같은 주장이라면 높은 점수를 줄 수 없을 것이다.

❷ 주장(가설)의 효용성: 주장이 아무리 참신하다고 하더라도 그 주장이 단순히 흥미를 끄는데 그치고 만다면 높은 점수를 줄 수 없을 것이다.

❸ 증거나 사례의 적절성: 자신의 주장을 적절한 사례나 증거로 뒷받침하지 않으면 높은 점수를 줄 수 없을 것이다.

❹ 증거나 사례의 타당성: 사례나 증거를 대었더라도 통계치 등의 신뢰성이 떨어진다든지, 아전인수격의 해석이 보인다면 높은 점수를 줄 수 없을 것이다.

❺ 가독성: 구슬이 서말이어도 꿰어야 보배이다. 아무리 좋은 내용이더라도 구성이 엉망이고, 몰입도가 떨어진다면 높은 점수를 줄 수 없을 것이다.

시크릿 VS 아웃라이어

- **주제:** 성공
- **청코너 출전선수:** 시크릿
- **선수 소개:** 호주의 전직 TV 프로듀서 론다 번의 유일한 제자. 오프라 윈프리와 래리 킹 등 미국의 유명한 입(?)들이 유명세를 키워 준 선수.
- **선수의 辯:** 마음이 상상할 수 있는 것은 무엇이든 성취할 수 있다. 현재 우리의 모습은 과거에 우리가 했던 생각의 결과이다. 바로 이것이 '전 세계 1%만 알고 있던 부와 성공의 비밀'이자, 우주의 법칙이다.

- **홍코너 출전선수:** 아웃라이어
- **선수 소개:** 〈블링크〉 〈티핑포인트〉로 유명한 입담꾼 말콤 글래드웰의 수제자.
- **선수의 辯:** 뜬 구름 잡는 소리 마시라. '긍정의 힘'을 들먹이는 책은 지겹게 봐왔다. 미안하지만 성공은 자신이 이루는 게 아니라 남이 가져다 준다. 보다 실용적이고 구체적으로 접근해야 한다.

경기진행 순서

1라운드 성공의 가장 중요한 요인은 무엇일까? 생각 vs. 기회

2라운드 자수성가 vs. 성공은 남이 가져다 준다

3라운드 좋은 감정과 감사하기의 힘 vs. 문화적 유산의 힘

4라운드 인생을 보는 철학적 시선 vs. 성공을 보는 실용적 시선

1라운드 성공의 가장 중요한 요인은 무엇일까?

청 오늘도 성공을 위해 매진하는 젊은이들에게 그 비결을 공개하고자 합니다. 성공은 자신이 생각하기에 달려 있습니다. 특히 부와 성공을 불러오는 비밀은 이른바 '끌어당김의 법칙'에 있죠. 이것이야말로 전세계 1%의 사람들 사이에서만 비밀리에 전해져 내려 온 성공의 비밀입니다.

끌어당김의 법칙이란 비슷한 것끼리 끌어당기는 것을 말합니다. 당신은 인간 송신탑처럼 생각으로 특정 주파수의 파장을 전송합니다. 이는 우주로 전송되고 이는 자석처럼 같은 것을 끌어당긴 후 원점, 즉 당신에게 돌아갑니다. 인생이 달라지기를 원한다면, 생각을 바꿔서 다른 주파수를 우주로 전송해야 합니다. 즉 원하는 것을 긍정적인 문장으로 만들어 이에 생각을 집중해야 합니다. 생각은 물질이 되어 우리 앞에 나타납니다. 따라서 성공에 가장 중요한 것은 마음 속에서 원하는 것을 즐기는 모습을 상상하는 생각, 즉 '그림 그리기'입니다.

홍 인간의 생각을 우주적인 의미를 지닌 것으로 확대하여 성공의 진리로 못 박는 것은 비약입니다. 성공하는 사람들의 비결은 단편적으로만 규정할 수 없습니다. 더욱이 모든 것은 '마음먹기'에 달려있다는 단순한 생각은 동의하기 어렵네요. 성공은 역사와 공동체, 기회, 문화유산의 산물이기 때문이죠. 그 중에서도 성공의 대표적 키워드를 꼽으라면 단연 '기회'를 꼽겠습니다. 작은 차이가 큰 차이를 낳는 기회로 이어지고, 그것이 또 다른 기회로 이어지기 때문입니다. 탤런트로서 작은 출연기회라도 얻기 위해 술 접대를 해야만 했던 비운의 여자 탤런트를 우리는 알고 있습니다. 만약 그녀가 유명 연예인을 부모로 둔 연예인 2세였다면 그런 험한 꼴은 당하지 않고도 기회를 얻을 수 있었겠죠.

가장 기본적으로는 자신의 부모, 시대, 사회로부터 어떤 기회를 받느냐에 따라 성공이 좌우됩니다. 부모의 직업, 양육환경, 소속된 사회와 문화, 시대로부터 각기 어떤 기회를 받느냐가 중요합니다. 물론 전문가가 되기 위한 최소한의 연습시간, 즉 1만시간이 필요하긴 하지만, 성공의 요인을 개인의 노력과 사고방식에서만 찾는 것은 무책임합니다. 지금 부와 명성을 얻지 못한 사람은 모두 부정적인 사고의 소유자이어서 일까요? 성공의 요인을 개인적 차원에서만 찾는 것은 지배계층이 자신들의 이데올로기를 강화하는데 이용될 수 있습니다.

2라운드 성공은 본인이 이루는 것인가? 남이 가져다 주는 것인가?

청 성공의 단 하나 법칙은 바로 원하는 것을 끌어당기는 생각의 힘입니다.

따라서 모든 것은 본인에게 달려있습니다. 성공과 실패, 그 모든 것이 자신의 책임이지요. 긍정적인 표현으로 자신이 원하는 것에 생각을 집중한다면 부와 성공을 거머질 수 있습니다.

홍 생각하기에 따라서 모든 걸 스스로 이룰 수 있다는 주장에는 동의하기 어렵습니다. 이 세상에 자수성가는 없으니까요. 자수성가 했다고 말하는 사람들을 들여다보면, 다른 사람들의 도움이 결정적이었음을 알 수 있습니다. 이젠 좀 솔직해 집시다. 성공으로 이르는 기회는 다른 사람으로부터 받습니다. 고 정주영 회장이 없었다면 오늘날 이명박 대통령이 있을 수 있었을까요? 반기문 사무총장은 스스로의 힘만으로 지금의 자리에 오를 수 있었을까요? 외교관으로서 최대 고비에 직면했을 때 한번 더 기회를 주고 UN에서 일할 수 있게 해 준 은인이 없었다면 불가능 했을 것입니다. 자수성가했다고 칭송 받는 그 누구도 알고 보면 누군가 기회의 손을 내밀거나 물심양면으로 도움을 준 사람이 있었을 것입니다. 이제 뭐든지 스스로 할 수 있다는 철학은 버려야 합니다. 당신은 결코 자신을 성공으로 이끌 수 없습니다. 오로지 다른 사람들만이 당신을 성공으로 이끌 수 있습니다.

따라서 지능보다는 실용지능, 즉 세상으로부터 원하는 것을 얻어내는데 필요한 방법, 권한에 대한 감각 등이 더욱 중요합니다. 스스로의 힘으로 개천에서 용 나는 시대는 한국이나 미국이나 이젠 지난 것 같습니다. 포춘 500대 부자의 학력변화를 보면 환경이 성공에 점점 더 중요한 변화임을 알 수 있습니다. 예전에는 대학을 나오지 않아도 세계적인 부자가 되었지만 이제는 대졸이상의 학력을 가지지 못한 사람은 세계적인 부자가 되기 어려워지는 추세입니다. 특이한 점은 부자들의 출신대학은 고루 분포했지만, 출신 중고등학교를 살펴보니 유명 사립중고등학교인 '레이크사이드스쿨'이 압도적이었다는 사실입니다. 빌게이츠와 폴앨런은 당시 엄청난 금액의 컴퓨터를 미리 사용할 수 있는 특혜를 누림으로써 기회를 잡았습니다. 당시만해도 전국가적으로 컴퓨터가 몇 대 없었을 만큼 고가였던 시절이었는데도, 그 학교 어머니회가 컴퓨터를 기증했다네요.

　한국의 현실도 마찬가지입니다. 20대에 아버지로부터 돈을 빌려 벤처사업을 시작해 볼 수 있는 '기회'를 얻는 최상류층이 있는가 하면, 치솟는 대학 등록금에 목표도 희망도 갖기 어려운 빈곤층이 늘고 있습니다.

3라운드 좋은 감정과 감사하기의 힘 vs. 문화적 유산의 힘

청 좋은 감정과 감사하는 마음의 힘은 대단합니다. 좋은 일을 더 많이 끌어당기기 위해서는 좋은 감정에 있어야 합니다. 기분이 나쁘면서 동시에 좋은 생각을 할 수는 없기 때문이죠. 자신이 무엇을 생각하는지 알려면 자신의 감정을 살펴야 합니다. 감정은 자신의 생각을 곧바로 알게 해주는 귀중한 도구입니다. 그리고 '감사하기'는 에너지를 전환하고 원하는 것이 더 많이 이루어지도록 하는 강력한 도구입니다.

홍 문화적 유산의 힘은 대단합니다. 어떤 문화적 유산을 물려받았느냐에 따라 성공에 긍정적 영향을 미칠 수도, 부정적 영향을 미칠 수도 있으니까요.

예를 들어 권력간격지수가 높은 문화일수록 빠르고 정확한 의사소통이 필요한 분야에서 실패하기 쉽고, 그런 의미에서 아시아인들은 불리합니다. 부기장이 기장에게 자신의 의견을 적극적으로 피력하지 못해서 일어난 대한항공의 추락사고를 보면 이를 잘 알 수 있습니다. 한편 성공은 끈기와 지구력, 의지의 산물이라는 점에서 쌀농사를 통해 근면이란 문화적 유산을 받은 한국, 일본, 중국인들은 유리하다고 볼 수 있습니다.

4라운드 **성공철학**

청 인간은 의지의 동물입니다. 인간이 마음을 먹고 생각하기에 따라 부와 성공은 얼마든지 거머쥘 수 있습니다. 성공한 사람들은 실패한 순간에도 절망하지 않고 도전했습니다. 긍정적인 생각으로 부와 명성을 끌어들이십시오.

홍 성공의 요인을 오로지 개인의 의지와 노력의 산물로 보는 견해는 불공정합니다. 성공에 대한 보다 전반적인 관찰과 객관적인 분석만이 사회를 개선시키는데도 도움이 될 것입니다. 이제 성공의 원인을 개인적 차원으로만 설명하는 책들은 그만 나와도 좋을 듯 합니다.

물론 시크릿과 아웃라이어의 저자가 모든 면에서 성공에 대한 상반된 견해를 가지고 있는 것은 아니다. '1만시간의 법칙' 을 말하는 대목에서는 아웃라이어의 저자 역시 개인의 노력을 중요시하고 있다. 하지만 보다 전반적이고 객관적인 안목으로 성공을 연구한다는 측면에서 두 책을 대조적인 선상에 놓고 북배틀을 할 만하다. 특히 자수성가에 대해 비판적인 견해를 드러낸 대목에서는 아웃라이어의 저자가 '성공을 단지 개인의 차원으로만 국한시키려는' 견해에 대해 반대하고 있음을 알 수 있다.

위의 사례에서 보는 것처럼 보완자료를 적극 이용하는 편이 좋다. 즉 책에 나와 있는 내용을 바탕으로 하되, 다른 책, 신문기사 등 자신의 우군이 될 수 있는 자료를 적극 가져다 활용한다면 생각의 힘은 더욱 늘어난다. 예를 들어 '오직 다른 사람만이 당신을 성공으로 이끌어준다'는 표현은 비슷한 성공철학을 가진 잭 트라우트의 〈호스센스〉에서 가져왔다. 그 책 역시 성공과 실패를 그저 '하면 된다' 식의 개인적 문제로 국한하는 걸 거부한다. 따라서 성공은 남과 함께 이루는 것이라는 취지의 글을 인용했다. 또한 한국의 사례를 생각해 보는 것도 좋다. 한국 사회가 대물림 되고 있다는 신문기사는 성공이 개인의 노력만으로 힘들다는 증거로 아웃라이어 측이 사용할 만한 자료이다.

또 하나. 북배틀의 당사자가 저자의 가상 대변인이라고 규정한 이유는 북배틀에서 인용하는 각종 자료가 저자의 견해와 반드시 일치하지 않을 수도 있기 때문이다. 하지만 스스로 두 저자의 대변인으로 활동해보는 과정에서 균형된 시선과 나름대로의 견해를 발전시켜 나갈 수 있을 것이다.

경제학 콘서트 VS 나쁜 사마리아인들

- 주제: 경제
- 청코너 출전선수: 경제학 콘서트
- 선수 소개: 팀 하포드의 수제자로 아담 스미스와 리카르도를 시조로 둔 뼈대 있는 가문 출신. 스타벅스 커피 이야기로 '대박' 을 터뜨렸으며, 읽기 쉬운 경제학 입문서인 줄 알고 덤벼든 독자들 덕분에 승승장구함.
- 선수의 辯: 열심히 일한다고 다 성공하겠는가? 세상이 돌아가는 이치인 시장원리를 아는 사람과 모르는 사람의 인생은 180도 다를 수밖에 없다. 열심히 일하기 전에 세상의 기본규칙인 시장의 원리를 깨달아라.

- 홍코너 출전선수: 나쁜 사마리아인들
- 선수 소개: 경제학의 아웃사이더이자 캠브리지 대학 교수 장하준의 수제자. 대한민국 국방부가 '금서' 로 지정해준 덕분에 대박을 터뜨림.
- 선수의 辯: 소위 신자유주의 경제학의 음모와 무서운 현실을 모르는 어설픈 대한민국이여. 시장원리가 공정하다고 믿는 순간 당신의 돈은 아무도 모르게 털리고 있다. 지난(?) 경제위기의 실체를 아는가? 더 큰 위기가 다가오고 있다.

경기진행 순서
1라운드 우리를 둘러싼 두 개의 힘. 시장 논리 vs. 정치 논리
2라운드 경제위기의 원인, 진실은?

3라운드 신자유주의의 4대 명제, 복음인가, 재앙인가?
4라운드 세계화, 무엇이 문제이길래?

 북배틀 포인트

스타벅스 커피 한잔에도 수많은 시장논리가 숨어있다고 한다. 커피 한잔을
만들기 위해 수많은 사람들의 노력이 들어있는데, 그 중에서도 가장 크게 돈
을 버는 사람이 있고, 가장 적게 돈을 버는 사람도 있단다. '그것이 모두 시장
논리에 의해 움직이고 있으며 또 그래야 한다는 주장은 정당할까?' '이 세상
게임의 룰은 시장의 논리 이외에 무엇이 있으며, 각각 어떤 맹점을 가지고 있
을까?' 하는 질문을 놓고 공방을 벌여보자.

1라운드 **우리를 둘러싼 두 개의 힘, 시장의 논리 vs 정치의 논리**

청 시장은 인류의 역사와 함께 했습니다. 그만큼 자유로운 교환은 인간에게

자연스러운 활동이지요. 그런데 시장을 그냥 두지 못하고 간섭하려는 시도

역시 유구한 역사를 갖고 있습니다. 비록 늘 실패했지만 말이에요. 기원 전

약 2천년 전 함무라비 왕은 생필품의 가격이 치솟자 가격을 더 이상 올리지

못하도록 공시하고 이를 아예 돌기둥에 새겨 놓았지만 암시장만 번성하게

되었습니다. 로마시대에도 디오클레티아누스 황제가 최고가격 리스트를 공

포하고 엄중하게 가격을 통제하였지만 성공하지 못했고, 프랑스 혁명론자

로베스 피에로는 가격을 묶어두려다 경제를 파탄시키고 결국 자신이 단두대

에 처형되었습니다.

　자연스런 시장의 논리를 정치적 논리로 억제하려다 경제를 망치는 일은

요즘에도 빈번히 일어납니다. 각종 이익단체들이 저마다 정치적 논리로 자기집단의 이익을 늘리면서 그 피해가 다른 국민들에게 돌아갑니다. 이른바 '세금강탈'이 일어나는 것이죠. 예를 들어 농민들의 이익을 보호하기 위해 정부가 시장가격보다 높은 비싼 값으로 쌀을 수매하면, 많은 세금이 들어갑니다. 그밖에도 오늘날 현대정치에서는 각종 이익단체들이 시장논리가 아닌 정치논리로 압력을 행사하는 바람에 세금강탈이 거의 예술의 경지에 이르렀습니다.

시장에 대한 간섭은 자원배분도 왜곡합니다. 예를 들어 학교가 평준화되면 학업의 질을 높이기 위해 학교에 기꺼이 돈을 내려는 사람들의 돈이 엉뚱하게도 그 학교가 소재한 동네의 부동산 소유주에게 흘러 들어갑니다. 미국이 섬유수입을 쿼터제로 억지로 규제하자 엉뚱하게도 홍콩의 부동산 가격이 올라갔습니다. 중국산 섬유를 수출하는 화교들이 환적을 통해 생산지를 속이는 일이 빈번히 일어나면서 그들의 본거지인 홍콩의 부동산 가격이 치솟은 때문이지요. 따라서 규제를 철폐하고 시장에 맡기는 것이 최선입니다. 국가가 시장에 개입할수록 생산성은 저하되고 자원배분은 왜곡되며 소비자의 불만은 늘어날 수 밖에 없습니다.

홍 시장원리에 맡겨놓는 것이 가장 공정하다고 믿게 만든 것은 지난 25년간 신자유주의자들의 업적입니다. 자유시장에서의 무한경쟁을 주장하는 신자유주의자들은 1960년대에 처음 출현하여 1980년대 이후 경제학의 지배적인 견해가 되었습니다. 영국의 대처리즘과 미국의 레이거노믹스가 신자유주의의 세계적 확산에 기여했습니다. 얼핏 시장원리는 누구에게나 공정한 것 같지만 사실은 자본을 더 많이 가진 자에게 유리한 공정치 못한 경쟁을 불러 옵니다. 시장에만 맡겨놓으면 경기 진동폭은 확대되고, 양극화는 심화됩니다. 따라서 정부의 시장 감시기능은 유지 혹은 오히려 확대되어야 합니다. 지난 수십 년간 신자유주의가 득세하면서 세계적으로 양극화가 심화되었습니다. 선진국이 시장원리를 개도국에게 강요한 결과이죠.

청 로비나 집단행동 같은 정치적인 논리로 문제를 해결하는 것은 결코 바람직하지 않습니다. 사람들은 경제활동보다도 정치에 몰두하게 될 것입니다. 따라서 경제와 정치는 분리하는 것이 좋습니다. 한국에서도 정부가 경제에 개입함으로써 온갖 부조리와 비효율이 발생하지 않았는지요?

홍 신자유주의자들은 민주주의와 시장은 함께 발전하는 것이라고 말하지만 실은 그렇지 않습니다. 오히려 상호 긴장관계에 있습니다. 민주주의가 '1인 1표의 원리'인 반면 시장은 '1달러1표'의 원리입니다. 시장의 원리는 자본을 가진 사람에게 일방적으로 유리하게 배분합니다. 따라서 경제의 탈정치화는 민주주의의 훼손을 불러옵니다. 따라서 민주적 절차에 의해 선출된 정부가 사회정의를 위해 분배에 간섭해야 합니다. 그런데 민주적인 결정은 대개 시장의 논리를 뒤엎기에 자본을 가진 계층이 경제의 탈정치화를 부르짖는 것입니다. 19세기 자유주의자들은 누진 소득세나 사유재산의 국유화 같은 정책들을 통해 가난한 다수가 부유한 소수를 착취(?)하게 될 까봐 민주주의에 반대했습니다.

선진국이 개도국에게 중앙은행의 독립, 규제기구의 독립, 독립적 세무기구의 정비 등을 강요하는 것도 해당시장에서 정부의 선택을 억제하고 선진국 자본의 뜻대로 시장을 좌우하기 위해서입니다. 오늘날 선진국에 의해 강요되고 있는 세계화에 많은 사람들이 반대하는 이유도 바로 선진국의 자본이 개도국 정부의 힘을 무력화하고 개도국 국민들의 이익에 반하는 행동을 하려하기 때문입니다.

2라운드 경제위기의 원인, 진실은?

청 이번 경제위기를 놓고 많은 사람들이 신자유주의와 시장의 실패를 운운하며 시장에 대한 규제와 감독을 강화해야 한다고 목소리를 높이고 있습니다. 하지만 실패한 것은 '시장'이 아니라 시장에 대한 '개입'일 뿐입니다. 가장 큰 원인은 인위적으로 이자율을 떨어뜨린 FRB의 개입입니다. 이자율을 조작함으로써 투자자들이 경제의 실상에 대해 그릇된 판단을 하게 만들고, 자본을 부적절한 곳에 투입하여 시장에 혼란을 가져왔습니다. 방만한 통화정책과 더불어 정부의 빈번한 구제조치 시행, 재정적자 운영 등이 이번 위기를 몰고 온 미국의 오류입니다.

홍 이번 위기의 근본원인은 지난 사반세기 동안 지속돼 온 신자유주의의 모순이 누적된 결과입니다. 신자유주의자들의 무리한 세계화 추진으로 인하여 양극화가 전세계적으로 진행되어 왔습니다. 미국만 하더라도 전체 가구 중

상위 1%가 올리는 소득이 미국 전체 가구 소득 중 무려 23.5%를 차지하고 있다고 합니다. 이 비율은 2002년 16.9%에서 계속 늘어나고 있습니다. 중산층의 몰락으로 금융업계는 하위계층에 대한 대출을 늘려 영업공백을 메우려 했습니다. 그리고는 높은 리스크를 가리기 위해 각종 파생상품을 남발한 것이 바로 원인입니다.

버냉키의 표현대로 헬리콥터로 돈을 뿌려대 진정시킨 이번 금융위기는 결코 끝난 게 아닙니다. 잠시 미봉해 두었을 뿐이죠. 근본 원인은 하나도 고쳐지지 않았습니다. 결국 정부의 개입으로 위기를 간신히 진정시켰지만 신자유주의의 모순으로 촉발된 지난 경제위기는 정부규제가 필요함을 웅변하고 있습니다.

청 거듭 말하지만, 이번 위기는 신자유주의와 시장의 실패 때문이 아닙니다. 보다 정확히 말하자면 미국을 비롯한 세계는 정작 신자유주의를 제대로 시행해 본 적조차 없습니다. 위기의 뇌관이었던 미국의 부동산 거품은 무엇으로 촉발되었던가요? 첫째, 정부의 사실상 지급보증을 받는 패니메이와 프레디맥이 큰 기여를 했습니다. 은행들은 소비자에게 주택담보 대출을 해주고 해당 대출을 이들 두 정부보증기관에 매각한 뒤 다시 모기지 대출에 나섬으로써 주택가격 상승에 기여했습니다. 둘째, 각종 법률을 동원한 투기조장 등 정부의 개입을 들 수 있습니다. 게다가 FRB의 인위적인 저금리 기조가 가세하여 부동산 거품이 계속 증가한 것입니다. 때문에 '탐욕스런 대출기관'에게 경제위기의 원인을 돌리는 것은 근본원인을 왜곡하는 발언입니다.

홍 이번 위기의 뿌리는 80년대 레이건 시대로 거슬러 올라갈 수 있습니다. 금융규제를 완화로 인해 저축은행들은 할부신용과 기업신용, 신용카드 발급, 게다가 부동산 사업에도 뛰어들게 되었습니다. 이들은 부동산 시장에서 자리를 잡으려고 과당 경쟁을 하는 바람에 단기시장에서 빌린 돈으로 10~20년의 장기 대출을 고정금리로 해주었습니다. 때문에 결국 1천여개의 미국 저축은행들이 파산했고 경제는 불황의 늪에 빠지고 말았습니다. 이에 FRB는 악을 더 나쁜 악으로 몰아내고자 금리를 대대적으로 내렸고, 대출기준도 오히려 대폭 완화했습니다. 그리하여 새로운 신용대출의 시장이 도래했고, 그렇게 해서 처음 조립된 폭발물이 20년 뒤에 뇌관이 터진 것입니다.

청 이번 미국발 경제위기는 복잡한 파생상품으로 인한 정보의 비대칭도 중요 원인입니다. 정보 비대칭이란 파는 사람과 사는 사람 사이에 정보가 불균형을 이루는 현상을 말하죠. 좋은 중고차를 시장에서 살 수 없는 이유, 유명 관광지에는 맛있는 음식점이 없는 것이 바로 그 때문입니다. 부채담보부채권(CDO)니, 신용 스와프계약(CDS)니 하는 금융상품, 금융기술이 너무 발달한 나머지 이를 사고파는 금융권에서조차 상품에 담긴 리스크의 정도를 제대로 알지 못했습니다.

아무튼 시장의 문제를 정치논리로 풀려 하면 비대칭적인 이해관계로 인한 세금강탈의 부작용이 생깁니다. 시장의 어려움은 시장을 보다 투명하고 잘 기능하게 만들어 해결해야 합니다. 물론 법과 정치의 도움이 전혀 필요 없다는 뜻은 아닙니다. 예를 들어 탄소 배출권 시장을 보죠. 이는 시장의 실패를 시장을 통해 해결한 좋은 예입니다. 공장이 자신의 이익을 증대시키는 과정에서 이산화탄소 배출로 다른 사람들에게 의도하지 않은 피해를 입히는 문제는 외부 효과(외부 비경제)의 전형적인 사례입니다. 하지만 배기가스를 오로지 법으로 규제하는 것은 효과를 보지 못했기에, 탄소 배출권을 기업들이 서로 사고 팔 수 있는 시장을 형성해서 해결한 것입니다.

홍 법과 정치의 역할은 특히 개도국에게 절대적입니다. 개도국은 선진국처럼 시장이 성숙하지 못하기 때문에 시장의 문제를 시장의 논리로 해결하기가 더욱 어렵습니다. 그럼에도 선진국들이 개도국 경제의 탈정치화를 유도하는 것은 자신들의 이익을 실현하기 위한 목적으로 밖에 보이지 않습니다.

청 후진국이 잘 살지 못하는 이유는 선진국의 착취와는 관계가 없습니다. 가난한 나라의 가장 큰 문제점은 부정부패입니다. 정부가 도둑인 나라는 아무리 원조를 해도 경제개발에 들어가야 할 자원을 독재정권의 유지에 사용합니다. 독재자들은 자신의 임기가 불확실하기 때문에 약탈을 자행하고, 자신을 지지하는 사람들이 도둑질 할 수 있게 해줍니다.

가혹한 정부의 규제 역시 뇌물이 번성하게 만드는 환경을 제공합니다. 관료주의는 기업들의 의욕을 꺾고, 법원의 느린 절차는 기업가들이 매력적인 비즈니스 기회를 발견하더라도 이를 살리지 못하게 만듭니다. 왜냐하면 사기를 당하더라도 보호받을 수 없다고 생각하기 때문이죠. 최악의 규제는 빈곤에 허덕이는 나라들이 가난한 가장 큰 이유입니다.

홍 부패는 물론 큰 문제입니다. 하지만 선진국들은 후진국에대한 원조를 삭감하는 명분으로 이를 편리하게 사용하고 있습니다. 부정부패는 20세기에 나타난 현상이 아닙니다. 오늘날의 부자 나라들 대부분이 공직자들의 부정부패가 굉장히 심했음에도 불구하고 산업화에 성공했음을 볼 때, 부정부패의 척결이 산업화의 전제는 아닙니다.

규제완화가 경제 효율성을 증대시키고 정치가와 관료들의 자원 할당 권력을 상실케 한다는 주장 역시 신빙성이 낮습니다. 오늘날 시장은 너무 확대되어서 탈입니다. 신자유주의자들은 부정부패를 억제할 수 있는 최선의 방법으로 민간 부문과 공공 부문에 시장 기능을 확대 도입하는 방안을 내세웁니다. 뇌물을 수수할 능력을 가지고 있는 정치가와 관료들의 자원 할당 능력을 빼앗음으로써 부정부패를 줄일 수 있다는 주장이죠. 그리하여 정부 자체에 시장 기능을 도입하여 업무 효율성을 증대시키고 부패를 줄인다는 이른바 신공공관리 NPM 를 실행하고 있지만, 이는 오히려 민간부문과의 계약 증대로 뇌물수수의 기회를 증대시킵니다. 공공 부문과 민간 부문간 인력 흐름의 증대로 인해 공무원들이 장래의 고용주들의 편의를 봐주려고 규칙을 악용하거나 위반할 수 있습니다. '기업에 우호적인' 사람, 좀 더 듣기 좋은 말로 '개혁적 인사' 라는 명성을 쌓았기 때문에 나중에 돈벌이가 되는 민간 일자리로 옮겨 갈 수 있는 것이죠. 예를 들어 한국에서는 정부의 역할이었던 인프라 투자에 소위 "민자를 유치" 하는 일이 많아졌는데, 이러한 민간자본에 높은 이익을 보장하고, 반대로 손해가 날 경우에는 국민의 세금으로 메워주는 어이없는 계약이 심심치 않게 체결되고 있습니다. 이것이야말로 더욱 심각한 새로운 형태의 '세금강탈'이 아니고 무엇이겠습니까?

3라운드 신자유주의의 4대 명제는 우리에게 복음인가, 재앙인가?

청 신자유주의의 가장 대표적인 주장은 자유무역입니다. 개방을 하고 자유무역을 한 나라일수록 잘 산다는 사실은 역사가 증명하고 있죠. 비교우위는 교환을 통해 모두가 잘사는 마법입니다. 과거의 사례들을 보십시오. 부자가 되려면 세계와 밀접하게 연결되는 것이 좋습니다. 대표적인 사례는 무역을 통해 경제를 일으킨 한국입니다. 한국은 외국기업들의 투자를 촉진하거나 라이선스 사용료를 지불하면서 기술을 습득했습니다. 그 결과 경제성장을 통해 한국 노동자들과 투자자들에게 돌아간 이득은 사용료와 수익으로 한국에서 빠져나간 돈보다 50배는 더 컸습니다.

홍 세계화의 역사는 왜곡되었습니다. 오늘날 선진국은 자유무역으로 선진국이 된 것이 아니라, 선진국이 되고 난 뒤 보호무역을 버렸으니까요. 오늘날 세계화와 자유무역을 부르짖는 영국과 미국이야말로 과거 후진적인 시절에 선진국을 따라잡기 위해 가장 보호주의 정책을 펼쳤던 나라들입니다.

흔히 신자유주의자들이 세계화의 모범으로 들먹이는 한국, 대만, 중국은 그들의 선전과는 달리 선택적으로, 그리고 점차적으로 경제를 개방했던 나라들입니다. 오히려 신자유주의자들의 경제정책에 충실히 따랐던 나라들은 그렇지 않은 나라들보다 오히려 경제성장이 낮았습니다.

청 금융개방은 커다란 이익을 가져다 주는 기회인 동시에 위험이라는 사실은 인정합니다. 그러나 직접투자는 가난한 나라의 경제성장에 이로운 것이 확실합니다. 선진국이든 후진국이든 외국자본의 유치에 열심입니다. 외국인 투자는 일자리 창출, 첨단기술의 습득, 투자재원 마련의 훌륭한 수단입니다. 주식, 통화, 채권에 대한 투자와는 달리 외국인 직접투자는 혼란기에 썰물처럼 빠져 나갈 수 없습니다. 공장에 발이 달려 걸어 나갈 수는 없지 않겠습니까?

흥 금융 개방이 변동성을 증폭시켜 버블을 형성하고 경기침체를 악화시킨다는 사실은 이제 신자유주의자들도 인정하게 된 것 같군요. 개발도상국들이 80년대와 90년대에 선진국들의 강권에 못 이겨 자본시장을 개방한 뒤로 금융위기를 훨씬 자주 경험하게 되었으니 말입니다.

그렇다면 직접투자는 테레사 수녀처럼 환대 받을만한가요? 반드시 그렇지는 않습니다. 자본시장이 개방되어 있는 경우에는 외국인 직접투자로 들어온 자금을 유동화시켜 신속하게 빼내가는 것이 가능해졌으니 말이죠. 특히 노동시장의 유연화를 강조하는 것은 단기수익을 뽑고 기업을 팔아 치우려는 소위 '먹튀' 자본의 활동을 돕는 길입니다. 그들은 기업이 어려우면 당장 인력을 해고해서 보전하고 이익이 생길 경우에는 기업의 장기발전에 투자하지 않고 배당에만 몰두합니다. 기업의 장기적 발전에는 관심이 없기 때문입니다.

청 부정부패와 관료주의를 없애기 위해서는 제도개혁, 그리고 민영화가 해답입니다. 사람은 자신의 소유물이 아닌 경우에는 제대로 돌보지 않게 되어 있습니다. 공기업에 만연된 낭비와 비효율을 바로잡기 위해서는 민영화가 필요합니다.

홍 민영화의 세가지 근거인 대리인 비용, 무임승차, 연성예산은 상장된 민간기업에도 똑같이 적용되는 문제입니다. 민간기업이 고용된 경영자에 의해 운영되고 수많은 주주들은 그 기업의 아주 작은 일부분만 소유하고 있다면, 이 기업은 국영기업과 똑 같은 문제에 시달리게 됩니다. 무임승차의 문제는 또 어떤가요? 주주들 개개인 역시 고용된 경영자들을 감독할 만한 동기가 없습니다.

연성예산의 경우는 최근의 경제위기에서 잘 확인할 수 있습니다. 미국은 이번 경제위기에서 어떻게 행동했나요? 거대 금융기업들이 망하지 않도록 엄청난 국민세금으로 파산을 막아주지 않았던가요? GM같은 제조업도 세금을 들여 다시 일으켜 세웠습니다. 과거 한국의 외환위기 때 그들은 뭐라고 말했습니까? 망할 기업은 망하게 두라고 하지 않았던가요? 그것이 시장의 논리이고, 시장이 제대로 기능해야 신뢰를 얻고 위기를 극복할 수 있다고 말했으면서, 정작 자신들에게 위기가 닥치자 정반대로 행동했습니다.

자연독점, 필수서비스 공급기업들은 반드시 국영기업으로 유지되어야 합니다. 특히 자본시장이 발달되어 있지 않고 규제와 징세능력이 취약한 개발도상국은 더욱 그러합니다. 굳이 민영화하지 않더라도 국영기업의 성과를 향상시키고, 감독 시스템을 개선하며, 경쟁을 증가시킬 수 있는 방법은 있습니다.

민영화를 금과옥조로 삼고 있는 한국정부는 좀더 세밀한 연구를 해야 합니다.

청 특허 등 지적 소유권을 보호해야 발명가들의 동기부여를 할 수 있습니다. 특히 디지털 시대에는 불법복제가 너무 쉬워졌습니다. 지식사회에서 발전을 꿈꾸는 국가라면 이를 적극적으로 방지하고 지적소유권을 보호해야 합니다.

홍 선진국이 강요하는 지적소유권 보호 강화는 개도국의 발전기회를 앗아갑니다. 오늘날의 선진국들은 후진적이었던 시절에 하나같이 다른 나라 사람들의 특허권과 상표권, 저작권을 닥치는 대로 침해했습니다. 그들은 자신들의 과거를 감추고 승자독식 구조를 만들기 위해 무역 관련 지적재산권 협정이나 쌍무적 자유무역협정을 통해 전례 없는 강력한 보호를 개발도상국들에게 요구하고 있습니다.

4라운드 세계화, 무엇이 문제인가?

청 비교우위 이론 및 상식과 경험으로 볼 때 무역은 경제 성장에 이로운 것이 확실합니다. 미국의 자동차 생산에는 두 가지 방법이 있습니다. 하나는 디트로이트에서 만드는 것이고, 다른 하나는 아이오와에서 '기르는' 것이죠. 아이오와에서 기르는 방법은 밀을 도요타로 바꾸는 특별한 기술이 사용됩니다. 밀을 배에 실어 보내면 그 배가 도요타를 싣고 돌아옵니다. 이처럼 무역은 기술의 또 다른 형태입니다. 새로운 기술을 금지하거나 무역을 규제하는 것은 문명사회의 해결책이 아닙니다.

홍 자유무역은 개발도상국의 유치산업이 성장할 가능성을 앗아갑니다. 리카도의 비교우위 무역이론은 현 상태를 그대로 감수하려는 사람들을 위한 것이지, 현재 상태를 바꾸려는 사람들을 위한 것이 아닙니다. 개도국의 유치산업은 보호되어야 하며, 세계화는 선진국의 입장에서 일방적으로 추진되어서는 안 됩니다.

청 세계화를 반대하는 사람들은 세계화로 인해 오염이 부자나라에서 가난한 나라로 이동한다고 비난합니다. 하지만 환경규제는 공장들이 해외로 나가는 주요비용이 아닙니다. 중요한 것은 인건비이죠. 한국과 일본처럼 자국 농업에 더 많은 보조금을 지급할수록 더 많은 비료가 소모됩니다. 농업보호주의가 폐지된다면 농업의 집약도가 누그러져서 환경은 현저히 개선될 것입니다.

세계화로 인해 개도국의 노동력이 착취된다는 주장도 근거가 없습니다. 오히려 노동력 착취주장은 개도국의 개발기회마저 앗아가 버립니다. 한국 같은 나라들은 다국적 기업을 받아들임으로써 부자가 되었습니다.

홍 세계화 그 자체에 반대하지는 않습니다. 최근 중국과 인도의 경제 성공 사례에서 보듯이 무조건적이 아닌, 민족주의적 입장에 기반하여 전략적으로 세계화 경제에 통합되는 것이 중요합니다. 중국이 일본이나 한국보다 외국인 투자를 환영하고는 있지만, 아직도 외국인 소유에 상한선을 긋고, 일정 비율의 국내 부품 조달 의무를 부과하고 있습니다. 반면 신자유주의의 성공 사례로 꾸준히 인용되는 칠레의 경우, 지난 30년 동안 많은 제조업체가 무너진 반면 천연자원에 기반한 수출품에 대한 의존은 심화되었습니다.

1950년대와 1970년대는 국가주의적 정책에 의해 뒷받침되던 통제된 세계화의 시기였습니다. 반면 지난 25년간은 급격하고 통제되지 않은 신자유주의적 세계화의 시기였습니다. 통제된 세계화의 시기의 세계 경제는 최근에 비해 훨씬 빠르게 성장했고 안정적이었으며 소득분배도 훨씬 균등했습니다.

앞서 이야기했듯이 북배틀은 생각의 폭을 확대하기 위해 가상으로 하는 것이다. 정확히 대비되는 주장이 없을 때에는 관련자료(청코너는 〈시장경제에 관한 최고의 책〉을 우군으로 삼았다)를 끌어다 저자의 논리를 확대하는 방식으로 하면 된다. 위의 경우에서 이번 금융위기의 원인진단이 특히 그러하다. 경제학콘서트나 나쁜 사마리아인들은 이번 경제위기 이전에 쓰여진 책이기 때문에 당연히 이번 경제위기의 원인과 처방에 대해 쓰여진 부분이 없다. 하지만 저자의 최근 인터뷰 내용이라든가, 다른 신자유주의 경제학자들의 견해를 참고한다면 위와 같은 식으로 얼마든지 확장할 수 있다. 같은 경제위기를 보면서도 아마 위의 북배틀처럼 전혀 다른 진단과 처방을 들고 나올 것이다.

또 다른 예를 들자면, 최근 우리사회의 논란의 대상이 되고 있는 대기업의 골목상권 진출문제 는 어떨까. 경제학 콘서트를 지지하는 사람의 입장에서 보면 대기업 슈퍼가 골목골목마다 진출하는 것은 소비자의 선택의 폭을 확대하는 이점이 있고, 당연히 '자유'롭게 시장의 논리에 맡겨야 하는 사안이다. 만약 이것을 시장의 논리에 맡기지 않고 정부가 규제한다면 이익집단의 눈치를 보는 전형적인 정치적 해결이라고 주장할 것이다. 반대로 정부의 역할을 지지하는 입장에서 보면 시장의 논리라는 게 일부 자본을 가진 사람에게 유리하게 되어 있고, 서민들을 빈민층으로 끌어내려 오히려 전체적인 공익을 해치게 되는 결과를 초래한다고 반대할 것이다. 이처럼 서로 상반되는 주장을 하는 사람들이 어떤 논리적 기반을 갖고 있는지 눈치 챌 수 있다. 책 속의 지식이 머리 속의 그물이 되어 기타 정보들을 흘러가지 않게 붙잡아 둘 뿐 아니라 주변문제들에 대한 사고의 확대를 모색하는데 도움이 된다.

북배틀은 생각의 확대뿐만 아니라, 책을 가장 빠르고 정확하게 읽을 수 있는 유용한 수단이기도 하다. 예를 들어 〈만들어진 신〉과 이를 논박한 〈도킨스의 망상〉같은 책은 내용과 분량에 있어서 결코 만만한 책이 아니다. 실제로 많은 독자들이 중간에 책읽기를 포기했을 것이다. 이들 책은 각각 무신론과 유신론의 입장에서 논쟁이 되는 여러 요인들에 관해 두루두루 논쟁을 벌이고 있기 때문에 좀 산만하여 기본 논지를 따라 가기가 쉽지 않다. 하지만 이들 두 책이 어떤 논지를 두고 서로 공방을 벌이는지 파악해서 그 부분을 중점적으로 스캔 해 읽다 보면 책의 요지를 보다 쉽고 정확하게 읽어낼 수 있다. 물론 책을 끝까지 그리고 여러 번 읽는데 성공할 확률이 높아진다.

만들어진 신 VS 도킨스의 망상

- **청코너 출전선수:** 만들어진 신
- **선수 소개:** 옥스퍼드 대학교 리처드 도킨스 박사의 수제자로 종교를 둘러싼 세계적인 논쟁을 불러 일으켰다.
- **선수의 辯:** 신은 유해한 망상이다. 창조적 지성은 점진적 진화과정의 최종 산물로 출현한 것이다. 무신론은 마음이 건전한 독립성을 갖고 있다는 증거이므로 자긍심을 가져야 한다.

- **홍코너 출전선수:** 도킨스의 망상
- **선수 소개:** 성공회 신부이자 신학자인 앨리스터 맥그래스 부부의 수제자로 도킨스의 가장 유명한 저격수로 자부하고 있다.
- **선수의 辯:** 종교 없는 유토피아는 환상이다. 도킨스의 책이 객관적이고 중립적인 입장에서 저술된 과학서가 아님을 조목조목 밝히겠다.

경기진행 순서

1라운드 신의 존재를 증명할 수 있는가
2라운드 종교의 기원은 무엇인가
3라운드 종교는 악인가
4라운드 종교의 역할은 대체될 수 있는가

1라운드 **신의 존재 증명문제**

청 우선 신의 존재는 '가설'이라는 점을 명확히 해야겠습니다. 왜냐하면 아직 신의 존재는 증명된 적이 없으니까요. 그리고 신이 없다는 증거를 대라는 사람들에게 묻겠습니다. 신이 존재하지 않는다는 증명을 왜 무신론자가 해야 합니까? 예를 들어 대통령 후보였던 허경영씨가 축지법을 쓴다고 하시는데, 증명은 누가 해야 합니까? 그분께서 증명하셔야지 왜 우리가 반증해야 합니까? 마찬가지로 신이라는 가설 역시 '거증책임'은 불신자에 있는 게 아니라, 신자에게 있는 거겠죠.

그렇다면 유신론자들의 증명은 얼마나 대단한지 볼까요? 토마스 아퀴나스의 회귀논증만 봅시다. 신이 인간을 만들었다면 그 신은 누가 만들었죠? 신위에 '신오브신'이 있어야겠죠? 토마스 아퀴나스는 이 같은 회귀과정의 끝에 있는 종식자에게 신이라는 호칭을 부여하자고 합니다. 하지만 왜 종식자에게 신의 속성을 부여해야 하죠? 과연 회귀논증은 끝이 있기나 할까요?

홍 우리의 믿음은 증명되었음을 논증하지 않고도 정당화가 가능합니다. 과학자들이 현재 갖고 있는 과학적 지식이 진실이라고 장담할 수 있나요? 언젠가 새로운 증거가 추가되거나 새로운 이론적 해석이 발전된다면 버려야 할 과학적 이론들은 늘 존재하지 않았습니까? 어째서 종교의 영역에 과학적 증명의 잣대를 갖다 댑니까?

게다가 토마스 아퀴나스의 접근법은 신의 존재를 입증하는 증거로 사용된 적이 없습니다. 현존하는 신에 대한 믿음이 그 대안들보다 경험적으로 더 잘 맞는다는 것을 주장한 것뿐입니다.

청 과학과 종교는 관할 영역이 다르니, 과학의 잣대를 들이대지 말라는 말이 우습군요. 과학이 답할 수 없다는 사실이 종교가 답할 수 있다는 의미는 아닐 겁니다. 그리고 신은 왜 자신이 자연의 법칙을 만들고 이를 스스로 파괴하면서 기적을 행할까요? 신이 처녀의 몸에서 나오고, 물위를 걷고, 물로 포도주를 만들고, 게다가 죽은 다음에 부활해서 하늘로 올라갔다는 데 이런 비과학적 현상을 왜 과학이 검증할 수 없다는 건가요?

홍 신은 피상적으로 보이는 것보다 훨씬 더 복잡한 영역에 있습니다. 당신은 피상적인 교리적 진술에 의거해 종교를 공격하는 군요. 너무도 단순화된 접근법입니다.

청 유신론자들이 신의 존재를 주장하는 개연성 논증에 대해서도 생각해 봅시다. 유신론자들은 인간처럼 복잡한 생명이 우연에 의해서 생겨날 확률은 고물 야적장에 태풍이 불어 보잉747이 조립되는 확률처럼 개연성이 없다고 말합니다. 소위 "복잡한 것들이 우연을 통해 출현할 수 없다"는 말인데, 이는 거꾸로 신이 존재하지 않는다는 결정적인 증거입니다. 왜냐하면 설계자 자신은 그것보다 더 있을 법하지 않은 존재일 수밖에 없기 때문입니다. 결국 '신이야말로 궁극적인 보잉747' 아니겠습니까?

신의 존재를 증명하는 문제에 또 하나의 오해가 있습니다. 신이 존재하느냐, 안 하느냐는 50대50의 문제가 아닙니다. 날개 달린 '유니콘'이 존재하느냐 안 하느냐가 50대50의 확률이 아닌 것처럼, 신의 존재도 개연성을 따져 확률로 나타내야 합니다. 내가 보기에는 신의 존재는 0에 가까운 추정치를 보입니다.

홍 신의 존재가 훨씬 더 복잡해서 더 개연성이 적은 존재라는 주장은 비약입니다. 인간을 보세요. 이 세상에 인간이 존재한다는 사실만큼 비개연적인 게 또 어디 있습니까? 하지만 인간은 이 세상에 존재합니다. 비개연적이라고 해서 존재하지 않는다는 주장은 비약입니다. 따라서 쟁점은 신이 있을 개연성이 있느냐 없느냐가 아니라 신이 실재하느냐 안 하느냐에 있습니다.

청 또 하나 인간 진화에 관한 오해는 "복잡한 것들이 우연을 통해 출현할 수 없다"는 말에서처럼 우리가 우연에 의해 만들어진 것으로 생각하는 것입니다. 하지만 진화는 우연히 되는 게 아니라 엄연히 '자연선택'이라는 기중기에 의해서 작동하는 것입니다. 진화는 아주 오랜 시간에 걸친 누적적 과정이며, 비개연성이란 문제를 작은 조각들로 나누었기에 가능했습니다.

2라운드 종교의 기원문제

청 종교의 기원에 대해 말하기 전에 우선 배경설명이 좀 필요할 듯 합니다. 우선 질문하나. '우리는 왜 죽을까요?'

질문이 너무 철학적으로 들리나요? 그럼 그 질문은 잠시 접어두고 다른 질문을 하나 해보겠습니다. '우리는 과연 우리 마음대로 살아가고 있을까요?'

언뜻 그렇게 생각하기 쉽습니다. 먹고 싶을 때 먹고, 자고 싶을 때 자고, 마음에 드는 이성을 사랑하고, 뭐든지 우리가 마음 먹은 대로 행동할 수 있으니까요.

하지만 과연 그럴까요? 외국의 어느 조사에서 남자들 가운데 70%, 여성의 34%가 매일 섹스생각을 한다고 합니다. 10대들의 경우에는 상황이 더 심각합니다. 〈몰입Flow〉이라는 책으로 유명한 미국의 심리학자 미하이 칙센트미하이 교수에 의하면 미국 십대들은 평균적으로 26초마다 섹스를 생각한다고 합니다. 엄청나죠? 식욕은 또 어떠한가요? 사람들은 깨어있는 시간의 10~15퍼센트를 실제로 먹거나, 먹는 것을 생각하느라 보낸다고 합니다.[6] 왜 우리의 의지와는 상관없이 이렇게 마음이 작동하는 걸까요? 과연

---

6 〈자기진화를 위한 몰입의 재발견〉 번역본 p.119

'우리의 마음은 어디에서 왔으며, 어떻게 작동하는 것일까요?' 만약 우리의 마음을 지배하는 무언가가 있다면 섬뜩하게도 마음을 통해 우리를 조종하고 있는 건 아닐까요?

20세기에 심리학자들은 인간이 비논리적으로 행동하는 모습을 보면서 이러한 물음에 대해 연구하기 시작했습니다. 합리적인 독일인들이 왜 히틀러의 명령에 따라 학살을 자행했는지(소위 권위의 법칙), 불합리한 걸 알면서도 왜 다른 사람의 행동을 따라 하는지(사회적 증거의 법칙) 등 인간의 불합리한 행동의 원인을 찾기 시작했습니다. 그리고 마침내 우리의 마음을 조종하는 범인을 찾아냈습니다. 그 범인이 누구인지 짐작이 가시나요?

바로 유전자입니다. 그리고 충격적인 연구결과를 소개하겠습니다. "개개인은 그저 유전자의 번식과 전파를 위한 도구에 불과할 뿐이다. 유전자는 우리를 도와주는 후원자가 아니라, 오히려 우리가 유전자의 하인이다."는 것입니다. 세상에... 기생충이 우리 몸을 숙주로 번식해 나간다는 소리는 들었어도, 우리의 유전자가 우리 몸을 매개체로 번식해 나간다는 소리는 아마 생소할 겁니다. 왜 그런지 설명해 드리죠. 이 세상의 모든 생물은 자연선택이라는 여과지를 통과해 살아남아 왔는데, 그 자연선택의 단위는 개체도 아니고, 집단도 아니고, 종도 아닌 유전자이기 때문입니다. 환경변화에 적응하지 못하는 개체는 죽고 말 터이니 당연히 개체가 자연선택의 단위가 아닌 것은 당연하겠죠. 집단도 아닐테구요. 그렇다면 종일까요? 아닙니다. 인간만 하더라도 호모 에렉투스니 호모 네안데르탈렌시스니 하는 여러 종이 있었지만 모두 자연선택을 통과하지 못하고 멸종하고 말았으니까요. 자연선택의 단위는 다름 아닌 유전자입니다.

따라서 우리 몸의 주인은 우리가 아니라 유전자일지도 모릅니다. 우리는 유전자에 기록된 화학명령을 받고 있으니까요. 남성들이 풍만한 엉덩이와 가슴을 가진 여성을 사랑하는 이유, 10대들의 머리 속이 온통 섹스로 가득 찬 이유도 진화론을 생각하면 쉽게 이해가 됩니다. 과거 수만 년 동안 인류의 수명은 극히 짧았기 때문에 생식기능을 갖추는 연령만 되면, 유전자가 자신들의 번식을 위해 섹스명령을 내리기 때문입니다. 이처럼 유전자와 우리는 한배를 탔으면서도 우리의 이익과 유전자의 이익이 서로 일치하지 않는 경우가 종종 생겨납니다. 유전자는 우리가 생존력 있는 후손을 생산할 때까지만 우리를 보호하도록 프로그래밍 되어 있기 때문이죠.

이제 처음의 질문으로 되돌아 갑시다. 우리는 왜 죽을까요? 유전자의 입장에서 볼 때, 개체가 영원불멸 하다면 환경변화에 적응할 수가 없겠죠. 오히려 개체의 수명이 긴 것 보다는 짧고 왕성하게 번식해 나가면 환경에 적응해 나가기 유리합니다. 대표적인 것이 바퀴벌레이죠. 바퀴벌레는 왕성한 번식력을 자랑하며 공룡시대부터 살아남은 살아있는 화석이라고 할 정도이니까요.

자, 오랫동안 배경설명을 듣느라 고생하셨습니다. 이젠 주제로 돌아가죠. 종교 역시 진화의 산물입니다. 종교성을 가진 집단은 희생적이며 단결력도 높아서 생존경쟁에 유리했습니다. 종교성을 가진 집단은 살아남아 더 많은 후손을 남겼겠죠. 그렇다면 유전자 혼자 한 것일까요? 아닙니다. 밈을 빼고는 종교의 기원을 이야기하기 어렵습니다.

인간이 되려면 유전명령뿐 아니라 문화적 명령도 필요합니다. 마치 컴퓨터에 윈도우 같은 기본적인 운영 프로그램이 있어야 하지만, 제대로 컴퓨터를 이용하려면 그 밖에도 여러 프로그램이 필요한 것과 마찬가지입니다. 밈이란 문화의 전달에 있어 유전자처럼 복제 역할을 하는 중간 매개물입니다. 즉 정보의 단위, 양식, 유형, 요소 등 문화적 모방의 단위를 말합니다. 너무 어렵다구요? 예를 들어 살펴보겠습니다. 불탄 남대문을 복원하기 위해서 수백 년간 대목장을 통해 전해 내려온 목조건축 기술이 현재 사용되고 있습니다. 이러한 무형의 기술도 밈에 속합니다. 밈도 유전자처럼 인간을 매개체로 스스로 번식, 진화해 나갑니다. 그것을 만든 창시자 인간의 의지와는 상관없습니다. 게다가 오히려 인간의 의식을 바꾸기도 하고, 인간을 위협하기도 합니다. 금융상품의 예를 들어봅시다. 최근의 경제위기는 대공황을 연상시킬 만큼 우리를 불안하게 만들었습니다. 그 원인은 서브프라임 모기지를 이용한 각종 파생상품들이었습니다. 금융상품들은 인간들을 건너뛰어 가면서 스스로 진화를 해나가다가 드디어 돈을 갚을 능력이 없는 사람에게도 돈을 꾸어 주고 수익을 챙기는 신기한 능력(?)을 발휘하는 지경에까지 이르렀습니다. 그것이 마침내 폭발하여 인간을 위협했지만요.

이렇게 위험한 밈의 대표적인 것이 바로 종교입니다. 다른 밈처럼 어느 한 사람의 창작물이 아니라 여러 세대를 건너 오면서 환경변화에 적응, 스스로 진화해 온 것입니다. 따라서 유전자처럼 자연선택에 의해 멸종된 종교도 있고 살아남아 번성한 종교도 있습니다. 그렇다면 세계를 호령했던 로마제국의 신들은 왜 멸종했을까요? 환경이 변화하는 바람에 효용성이 떨어져서

입니다. 로마의 신들은 그리스의 신들처럼 '수호신'입니다. 전쟁에 나가기 전에 로마인들은 신전에 나가 신탁을 구했습니다. 전쟁에서 보호해 달라고요. 이러한 '수호신'의 기능은 로마가 발전해 나갈 때는 아주 유용했습니다. 하지만 로마가 쇠퇴해 가면서 신에게는 새로운 역할이 필요했습니다. 로마의 쇠퇴기에 기독교가 들불처럼 번져나간 이유는 기독교의 신이 그들에게 새로운 역할을 했기 때문입니다. 바로 '내세의 약속'이 그것입니다. 쇠퇴기의 로마 민중들의 삶은 아주 힘들었습니다. 그들이 팍팍한 현실을 견디어 내기 위해 필요한 것은 바로 기독교가 제시한 '내세에 대한 약속'이었죠. 이에 아울러 정치권에도 큰 변화가 닥칩니다. 혼란기의 로마는 무려 6명의 황제가 난립하였는데, 콘스탄티누스 황제가 드디어 나머지 황제들을 제거하고 홀로 로마제국의 황제로 등극하게 됩니다. 유일한 황제의 자리에 오른 콘스탄티누스는 이미 광범위하게 불어난 기독교인들을 자기편으로 끌어들일 필요가 있었고, 게다가 유일신은 '왕권신수설'을 펼 칠 수 있는 좋은 이데올로기를 제공했습니다. 즉 왕권은 유일신으로부터 받은 것이라고 주장함으로써 다른 이들의 반란의 명분을 제거했습니다.

말이 너무 길었습니다. 이상을 정리하자면 종교는 인간이 오랜 진화를 거치며 나타난 심리적 성향의 불운한 부산물이라고 하겠습니다. 미신을 비롯한 비사실적인 신앙들이 다윈 선택과 유사한 것을 통해 국지적으로 진화, 분화한 것이지요. 이처럼 비종교적인 방식으로 종교와 도덕의 뿌리를 설명할 수 있습니다. 우리가 선한 이유도 이타적 행동이 유리한 상황 때문이었습니다. 물론 우리 유전자의 입장에서죠. 죽음을 무릅쓰고 자식을 보호하는 모성

애는 어디에서 나오는 걸까요? 독수리에게 잡힐 확률이 높음에도 불구하고 소리를 내어 친족들의 대피를 촉구하는 땅다람쥐의 이타적인 행동 역시 자신과 유전자를 나눈 친족들을 보호하기 위함입니다. 인간의 내리사랑도 좀 야속한 설명일지는 몰라도 스스로의 번식을 꾀하는 유전자의 명령에 따른 결과라고 할 수 있습니다.

홍 짝짝짝! 대단한 추리입니다. 지루하긴 했지만요. 그런데 종교가 부산물이라는 명제적 진술과 정열적 인지('신이 나를 좋아하신다' '나는 죄인이다'와 같은 의미를 표현)는 상당히 다르며 별개의 심리학적 기능을 행한다는 사실을 지적하고 싶군요.

종교는 앞선 세대들로부터 물려받은 진화의 부산물이라는 주장하는데, 사람들이 종교를 갖게 되는 것은 꼭 부모와 어른들 때문은 아닙니다. 사람들은 명제적 모순들과 사실에 반대되는 신앙 선언문(기독교 공동체의 근본적인 자원들과 경험을 오랜 기간 성찰한 후 나온 것들)에 동의할 준비가 되어 있습니다. 종교와 연관된 인식과정이 명제적 용어로 된 서술로 쉽게 고칠 수 없는 직관의 층위에서 일어나고 있기 때문입니다. 말이 너무 어렵다구요? 즉 사람이 종교를 갖는 이유는 논리적 추론에 의해서가 아니라, 통찰의 순간, 압도적인 환상, 심오한 영적 체험을 경험하기 때문입니다.

마지막으로 밈에 대해 한마디 하겠습니다. 밈은 전혀 근거 없는 주장입니다. 왜 인류학적 문제에 생물학적 잣대를 들이대는지요? 밈은 문화적 발전을 설명하는 데 있어 인류학 분야에서 거둔 주요 성과들을 경시하고 가치를 떨어뜨리고 있습니다. 최근에는 진화론이 너무 여러 학문에 침투해 나름대로의 잣대를 들이대고 있습니다. 불쾌한 일이지요.

3라운드 종교는 악인가

청 결론부터 말하자면 모든 종교는 해악합니다. 종교신앙은 합리적인 계산을 침묵시키기 때문이죠. 근본주의적 종교들은 과학적 탐구심을 적극적으로 꺾으려 합니다. 과학을 전복시키고 지성을 부패시키는 것이죠. 흔히 이슬람 극단주의를 비난하지만, 부드럽고 온건한 종교도 극단주의가 번성할 수 있는 분위기를 제공합니다. 그러므로 비난의 대상은 종교 그 자체입니다. 신앙 자체가 미덕이라고 아이들에게 가르치는 행위는 정말 해롭습니다. 신앙은 어떤 정당화도 요구하지 않고 어떤 논증도 참지 못하기 때문이죠.

홍 종교가 해악 하다면 그건 종교뿐이 아닙니다. 무신론도 역시 종교화 되고 있다고 봅니다. 신이라는 개념을 거부할 때 그 사회는 다른 대안들을 초월적인 것으로 만드는 경향이 있습니다. 그것이 바로 인간의 본성입니다.

　공산주의를 봅시다. 공산주의는 그토록 종교를 탄압하면서 스스로가 종교의 위치에 오르려 했습니다. 김일성은 어땠나요? 아이들이 식사 전에 신에게 감사의 기도를 하듯이, 수령님께 감사의 표시를 하도록 세뇌하지 않았나요? 공산주의의 실패에서 볼 수 있듯이, 종교는 결코 사라지지도 않을 뿐더러 사라진다고 해도 인간은 그 자리에 다른 걸 대체할 것입니다. 신적이든 초월적이든, 인간적이든 모든 이상들은 악용될 수 있습니다. 때문에 종교를 혹평하는 대신 인간의 본성을 어떻게 다룰 것인지 힘써 궁구해야 합니다.

또한 종교가 극단주의의 온상이라고도 했는데요, 극단주의가 종교의 필연적 특징은 아닙니다. 근본적인 동기는 항상 정치적인 것입니다. 겉으로 봐서는 종교적인 원인 때문이라고 하더라도 말입니다.

청 또 하나 중요한 종교의 폐해는 흔히 자기문화 중심주의에 빠져 있다는 사실입니다. 자신들의 신앙이 의문 없는 우월한 가치를 가지고 있다고 생각하기 때문에 공격적인 선교에 빠집니다. 주변 민족들을 모두 야만인, 오랑캐라고 부르던 로마, 중국인들과 같은 행동입니다. 유대인이 선택된 민족이라느니, 신이 인간에게 모든 동물을 지배할 권리를 줬다느니 하는 것도 그런 예입니다. 반면 진화론은 모든 생명은 평등하다고 가르칩니다. 현존하는 모든 종은 진화의 최종산물이기 때문입니다. 진화론에 대한 가장 큰 오해는 원숭이로부터 인간이 진화했다는 생각입니다. 그게 아니라 현존하는 모든 생물들은 공통의 조상으로부터 나무가 가지를 뻗듯 갈라져 나와 제각기 진화한 것입니다. 모든 생물들은 각자 자신만의 장기를 발달시켜 왔습니다. 거북이의 딱딱한 등껍질, 호랑이의 이빨, 독수리의 발톱 같은 것들이죠. 도대체 자신을 방어할 장기라고는 하나도 없는 듯한 토끼조차 놀라운 번식력이라는 장점을 갖고 있습니다. 우리는 발 밑의 개미들을 압도할 수 있다고 흐뭇해하지만, 유전자대 유전자의 입장에서 보면 인간이 개미보다 더 오래 살아남을 수 있다고 쉽게 장담하기 어렵습니다.

다른 동물들이 각자의 장기를 발달시켜 온 것처럼 인간은 두뇌를 발달시키는 방향으로 진화해 왔습니다. 그 결과 최근에는 다른 모든 생물들을 압도하는 '대박'을 터뜨렸구요. 하지만 아직도 압도하지 못한 게 있습니다. 아니, 영원히 정복하지 못할 것이라고 과학자들이 얘기하는 생명체가 있습니다. 바로 바이러스이죠. 인간은 바이러스와의 싸움에서 결코 이기지 못했습니다. 이겼나 싶으면 바이러스는 다시 내성을 쌓고 돌연변이를 일으켜 인간을 위협해 왔습니다. 지금 문제가 되고 있는 신종 인플루엔자는 확산이 빠른 반면 다행히 치사율은 높지 않다고 합니다. 그런데 만약 이 신종 인플루엔자가 조류독감 같은 전염성은 낮아도 치사율이 높은 바이러스와 결합하여 변종을 만들어 낸다면 인간은 상상하기도 끔찍한 치명적인 타격을 입을 것이라고 합니다. 인간이 다른 생명체를 압도하기 시작한 것은 전체 지구의 역사로 보면 극히 최근의 일입니다. 그럼에도 신이 인간을 만물의 영장으로 창조했다는 자기 중심주의에 빠지는 것은 어처구니 없는 일입니다.

홍 인간을 동물들과 동일 선상에 놓는 것은 인정할 수 없습니다. 기독교는 진화를 인정하지 않기 때문입니다. 인간이 종교를 버린다면 인간성을 상실하는 것은 불을 보듯 뻔합니다. 아이들에게 창조론이 없이 진화론만 가르친다면 얼마나 끔찍한 인간성 상실의 결과를 불러 올지 상상하기 조차 어렵습니다.

무신론자들이 원하는 대로 종교가 사라진다고 해도 인류의 분열은 끝낼 수 없습니다. 자기문화 중심주의를 말씀하셨는데요, 내부자와 외부자를 구분하는 대립주의는 불행히도 종교만의 현상이 아닙니다.

4라운드 **종교의 역할은 대체될 수 있는가?**

청 종교의 역할은 이미 시대착오적입니다. 도대체 성경의 어떤 부분이 우리에게 도덕과 윤리를 가르칠 수 있습니까? 자식을 죽여 제물로 바치라는 신이 제 정신입니까? 문밖에 몰려온 폭도들에게 자신의 딸을 강간하라고 내주는 아버지가 현명하게 인식되는 것은 어떻게 받아들여야 합니까? 성경은 직접지시나 역할모델, 그 어떤 쪽으로도 윤리적 가르침을 주지 않습니다.

이제는 변화하는 시대정신을 인정해야 합니다. 왜 청동기 시대의 유물을 아직도 끌어안고 있습니까? 이제는 소리쳐야 합니다 "우리는 경전으로부터 도덕을 이끌어내지 않는다"라고.

홍 히브리 성경은 기독론적인 여과장치를 통해 읽고 해석해야 합니다. 때문에 기독교인들은 구약성경을 바탕으로 한 제의적 법률을 실행할 의사도 없었고 또 실행하지도 않았습니다.

모든 종교들이 거의 같은 것들을 말한다는 시대에 뒤떨어진 생각은 버려야 합니다. 예수는 구약이 틀렸다고 여긴 것이 아니라 구약을 성취하고 또 변혁한다고 했습니다.

청 성서대목을 곧이 곧대로가 아니라 '상징적'으로 해석하는 기교를 부린다고 할지라도 과연 어떤 기준으로 어느 대목을 취사선택해야 합니까? 그리고 어느 대목은 글자 그대로 받아들여야 하는 걸까요?

어떤 사람들은 그토록 종교에 적대적일 필요가 있느냐고 묻습니다. 종교가 사람들에게 위로를 주기도 하고 자선을 베푸는 등 좋은 기능을 하지 않느냐고 하면서요. 하지만 종교가 위로의 힘이 있다고 해서 진실이 되는 것은 아닙니다. 위약偽藥의 플라세보 효과도 한두 번이지, 가짜 약을 상시적으로 사용한다면 되겠습니까? 자선은 또 어떻습니까? 나는 자선의 역할을 교회에 부여하는 데에 반대합니다. 세금으로 하든, 기부금으로 하든, 자선의 역할은 정부나 공공기관이 해야 합니다. 왜 자선의 역할을 종교기관에 떠맡겨서 그들이 건물 짓고, 조직 운영하는 데 사용하고 남은 돈으로 하게 합니까? 그리고 선교의 목적에 자선을 활용하게 만듭니까?

홍 종교는 사라지지도 않겠지만 대체될 수도 없습니다. 우리가 도덕성이나 삶의 의미와 같은 질문에 부딪혔을 때 과학은 우리를 돕지 못합니다.

북배틀을 진행하면서 가장 많이 받는 질문은 서로 대조되는 견해의 책이 그렇게 많이 있느냐는 것이다. 하지만 생각해 보라. 책이란 우리들이 갖고 있는 상식과 오류에 반기를 드는데 가장 큰 미덕이 있다. 인간의 의식에 큰 변혁을 몰고 왔던 역사적으로 중요한 책들은 하나같이 인간의 고정관념을 일깨워준 책들이다. 예를 들어 코페르니쿠스의 〈천체의 회전에 관하여〉라든지, 다윈의 〈종의 기원〉이라든지, 아담스미스의 〈국부론〉이라든지, 프로이트의 〈꿈의 해석〉 같은 유명한 책들은 각기 지구가 천체의 중심이라는 상식, 더 복잡한 것이 덜 복잡한 것을 만든다는 상식, 사회전체의 편익을 위해서는 개인의 이기심을 자제해야 한다는 상식, 의식만이 오롯이 삶을 지배한다는 상식에 반기를 들었던 것이 아니던가.

그 정도로 거창한 책은 아니더라도 현 시대에 쏟아져 나오는 책 중에도 참신한 문제제기를 하는 책들은 분명 반대되는 견해의 책이 존재하기 마련이다. 우리가 눈 여겨 찾아보지 않아서 안보일 뿐이다. 그리고 북배틀은 다양한 형식으로 진행될 수도 있다. 예를 들어 로마의 부흥기와 쇠락기를 비교해 본다든지, 독불장군형 리더십과 서번트 리더십의 장단점을 비교하기 위해 각각의 대표적인 역사적 리더를 비교하는 책을 선정한다든지 하는 형식으로 얼마든지 진행해 볼 만하다. 중요한 것은 배틀이라는 오락적인 요소를 결합하여 재미있으면서도 책을 보다 분석적인 눈으로 볼 수 있는 힘을 기르는 데 있다. 아래는 로마의 부흥기와 쇠퇴기를 비교하고, 또 이원복 교수의 유명한 만화책과 비교하는 북배틀의 사례를 보여주고자 한다. 가상의 대결에 형식을 따질 일이 뭐 있겠는가.

로마인 이야기 VS 먼 나라 이웃나라 / 신의 나라, 인간 나라

- **청코너 출전선수:** 로마인 이야기
- **선수 소개:** 로마의 흥망성쇠를 그리스로마 신화만큼이나 흥미롭게 풀어내 한국과 일본에서 수많은 독자층을 형성한 선수.
- **선수의 辯:** 지성에서는 그리스인보다 못하고, 체력에서는 켈트인이나 게르만인보 다 못하고, 기술력에서는 에트루리아인보다 못하고, 경제력에서는 카르타고인보다 뒤떨어지는 로마인이 어떻게 천년제국을 만들었는지, 그리고 그들이 허망하게 무 너진 이유에 관해 알려주겠다.

- **홍코너 출전선수:** 먼 나라 이웃나라 & 신의 나라 인간 나라
- **선수 소개:** 유치한 아동용 학습만화가 아니다. 어른들마저 만화에 빠져들게 만든 내공이 상당한 선수.
- **선수의 辯:** 역사에 대한 냉철한 분석과 철학이 녹아있어, 웬만한 역사책보다 깊이 가 있다. 로마제국의 발전과 멸망에 관해 피상적인 아닌 본질적인 원인을 알려주겠 다.

경기진행 순서
1라운드 로마의 발전 원인
2라운드 로마의 쇠망 원인
3라운드 종교와 기독교의 영향

북배틀 포인트

그리스나 에트루리아 등 주변국보다 늦게 출발한 로마가 이들을 제압하고 발전할 수 있었던 원동력은 무엇일까? 그리고 쇠퇴기에는 무엇이 달라졌을까? 발전기와 쇠퇴기의 차이에 대한 저자들의 역사적 해석은 타당할까? 발전의 원동력을 개방적인 로마시민의 의식에서 찾는 견해는 정당할까?

1라운드 로마의 발전 원인

청 한줌밖에 되지 않았던 로마인들이 위로는 강대한 에트루리아, 아래로는 부유한 그리스 식민도시들을 누르고 지중해의 패자로 발전할 수 있었던 원인으로는, 우선 이민족을 받아들인 로마인들의 '개방적인 기질'을 꼽지 않을 수 없습니다. 에트루리아와 그리스는 순수한 혈통을 우대하는 폐쇄적인 사회였던 반면, 로마는 건국 당시부터 다민족 국가로서 이민을 적극적으로 받아들이는 동화정책을 실시했습니다. 그 결과 로마로 자진 이주하는 이민족들이 많았습니다. 시민권 부여에 개방적이었던 로마에서는 라틴족뿐만 아니라 사비니족, 에트루리아족이 교대로 왕위에 오를 정도였습니다.

적까지 포용했던 '관용의 정신'은 로마의 발전에 큰 몫을 했습니다. 로마는 정복지의 주민들에게도 시민권을 부여하는 등 '패자까지도 자기들에게 동화시키는' 방식으로 점점 강대해져 갔습니다. 그리하여 거듭된 전투로 전사자가 적지 않았음에도 로마의 인구와 전력은 꾸준히 증가할 수 있었습니다.

로마인들의 개방적인 기질과 더불어 로마가 발전할 수 있었던 또 하나의 미덕을 들자면, 시민들의 책임감이었습니다. 귀족들이 앞장서서 '노블리스

오블리제'를 실천하였기에 평민들도 전쟁이 나면 언제든 전쟁에 나가 싸웠습니다. 오늘날 서구사회는 로마로부터 지대한 영향을 받았습니다. 특히 개방적인 이민제도와 시민정신은 미국 등 서구 여러 나라들의 발전에 큰 기여를 했습니다.

홍 강대국의 발전은 여러 가지 요인이 복합적으로 작용한 결과이겠지만, 로마인들의 '개방적 기질'을 발전의 근본 원동력으로 꼽는 '기질론'에는 선뜻 동의하기 어렵습니다. 로마가 초기시절에 '개방성'을 가질 수 밖에 없었던 이유는 사실 그들의 품성 탓이라기 보다는 강대국 틈바구니에서 살아남기 위한 어쩔 수 없는 선택이었습니다. 건국 당시 로물루스와 그의 부하들이 폭력까지 동원하여 다른 민족으로부터 여자를 납치해 오지 않으면 안 되는 집단이었음을 미루어 볼 때, 그들은 아마도 각자의 부족에서 밀려난 남자들 집단이 아닐까 하는 추측이 가능합니다. 원시시대에 그런 소수의 집단이 거듭된 전투에서 전력을 유지하기 위해서는 주변 부족으로부터 꾸준히 인구를 흡수하지 않으면 안되었을 겁니다. 반면 그 당시에 이미 전성기에 도달했던 에트루리아와 그리스가 폐쇄적인 시민권 제도를 유지했던 것은 어쩌면 당연한 일이었고요. 마찬가지로 상대적으로 뒤늦게 출발한 로마가 개방적인 정책을 취했던 것도 당연합니다.

만약 '개방적 기질'이 로마인들의 특성이었다고 한다면, 왜 전성기 이후에는 주변 부족들을 야만족으로 멸시했으며, 전쟁 포로들을 모두 노예로 삼았는지 설명이 되지 않습니다. 시오노 나나미의 말대로 로마인들의 타고난

(?) 개방성이 바뀌기라도 했을까요? 조그마한 신생국이었을 당시의 로마는 비록 이웃부족과의 싸움에서 승리하더라도 그들을 노예로 삼을 만한 역량이 없었습니다. 오히려 그들을 같은 시민으로 적극 받아들여 인구를 늘리고 앞선 문물을 받아들여야 할 실리적인 필요가 있었을 겁니다.

그리고 이민자를 왕으로까지 옹립했다는 추측에도 동의하기 어렵습니다. 사실 5대 왕부터 7대 왕까지 내리 에트루리아족이 왕위에 오른 것으로 볼 때, 에트루리아에서 건너온 이민자가 왕이 되었다기보다는 초기의 로마가 에트루리아의 지배를 받았던 것으로 생각됩니다. 로마는 에트루리아의 도시가 되어 에트루리아의 왕을 섬겼고, 몇몇 로마 사람들은 에트루리아의 귀족이 되었습니다. 로마가 독립한 것은 부르투스가 에트루리아 카르퀴니우스 왕을 추방하고 공화정을 세우는데 성공한 이후로 보는 것이 타당합니다.

2라운드 **로마의 쇠망 원인**

청 로마의 멸망은 로마인의 전통적인 미덕인 '개방성'과 '관용'의 정신이 사라진 데서 원인을 찾을 수 있습니다. 부모 중 어느 한쪽만이라도 야만인이었으면, 그 자식은 야만인의 굴레에서 벗어날 수 없었습니다. 서로마 제국의 마지막 충신 스틸리코는 개방적인 과거의 로마시대에 태어났다면 군사적 재능을 인정받고 칭송과 명예 속에서 인생을 마쳤을 것입니다. 하지만 야만족인 반달족의 피가 섞였다는 이유로 혁혁한 공로에도 불구하고 결국 죽임을 당하고 맙니다.

왕과 귀족들이 전쟁터에 나가 앞장 서 싸웠던 노블리스 오블리제의 전통도 퇴색되어 갔으며, 대농장주들의 외면으로 병사를 모집하기가 점점 어려워졌습니다. 서민들은 서민들대로 자기 몸에 상처를 내면서까지 병역을 면하려고 했기에 이탈리아 반도 안에서는 병사모집이 거의 되지 않았습니다.

페르시아의 영향으로 왕실에 환관이 등장하고, 왕위는 세습 되면서 능력없는 자가 왕이 되어 나라를 망치기도 하였습니다. 대표적인 인물이 테오도시우스 왕의 아들로서 서로마 제국을 통치했던 심약한 군주 호노리우스입니다.

마지막 1세기에 들어서면서 서로마 제국은 절망적일 만큼 병사를 필요로하고 있었습니다. 이 어려운 과제를 해결하려면 야만족을 동맹자로 삼을 수밖에 없었고, 역설적이기는 하지만 야만족을 이용하여 야만족으로부터 로마를 지킬 수 밖에 없었습니다. 그리고 결국 그 위험한 방법 때문에 야만족에게 로마가 유린당하는 결과를 가져왔습니다. 결국 무너져버린 공공심이 제국을 멸망으로 이끌었다고 할 수 있습니다.

홍 공공심과 같은 사고방식과 철학 등 사회적 상부구조의 붕괴가 제국 멸망의 근본적인 원인이라는 주장에는 선뜻 동의하기 어렵습니다. 그보다는 생산력과 경제구조 등 사회적 하부구조의 변화가 근본적인 원인이라는 점을지적하고 싶습니다. 로마는 근본적으로 전쟁을 통한 약탈로 발전해 온 나라입니다. 때문에 주변의 잘살던 나라들을 정복해 나갈 때에는 전쟁에 들인 비용보다 약탈한 토지와 전리품들이 많아 당연히 남는 장사였습니다. 하지만더 이상 정복할 만한 기름진 영토와 부유한 인근국가가 없어지자 국가경제의 근본원리가 한계에 부딪힙니다. 위쪽으로는 기후도 나쁜데다 포악한 게

르만 야만족이 사는 지역에 막혔고, 서쪽으로는 바다, 남쪽으로는 사막, 동쪽으로는 산맥으로 막혀 더 이상 침략전쟁을 일으켜 이득을 볼 곳이 남지 않았습니다. 아우구스투스 황제는 아예 제국의 경계를 서쪽의 대서양, 북쪽으로는 라인강과 다뉴브강, 동쪽으로는 유프라테스강, 남쪽으로는 아라비아와 아프리카 사막으로 국한하라고 유언을 남깁니다.

침략에서 수비로 바뀌자, 국가발전의 근본이었던 전쟁의 경제학이 전혀 다른 패러다임으로 바뀌게 됩니다. 과거에 전쟁을 이끌던 장군들은 영토와 노예와 약탈한 전리품을 앞세우고 개선하는 영웅이었지만, 쇠퇴기에 가난한 야만족을 상대로 국경을 지키는 전쟁을 해야 했던 후기의 무인들은 예전과 같은 명예와 인기를 누릴 수 없었습니다. 전쟁은 하면 할수록 손해가 되는 구조가 되었으니까요. 이들은 거꾸로 정치에 간섭하기 시작했고 황제의 암살이 반복되는 군인 황제시대를 열게 됩니다.

경제적으로는 영토 확장기에 전쟁자금을 대주고 농지를 늘렸던 귀족들, 그리고 대다수의 소작농과 노예들 사이의 경제적 격차는 사회적 불안으로 점점 자라나게 됩니다. 3세기 초에 카라칼라 황제가 로마 시민권을 기득권으로 바꾼 것과 4세기 초에 문관과 무관을 완전히 분리한 것이 로마의 국방력을 약화시킨 결정적 요인이었다는 시오노 나나미의 생각에 동의합니다. 하지만 로마 패망의 근본적인 원인은 공공심의 쇠퇴 같은 정신적인 문제에서 찾기 보다는 로마경제를 발전시켜왔던 근본 패러다임의 한계 때문으로 보는 것이 더 합당할 듯 합니다.

3라운드 종교와 기독교의 영향

청 기독교는 로마의 국력을 약화시킨 중요한 원인 중 하나입니다. 우선 군사력 측면에서 보면, 하루뿐일 망정 개선장군을 '신'으로 떠받드는 개선식도 사라지게 만들었고, 승리자의 증표였던 월계관도 이교적인 상징으로 간주되어 폐지합니다.

경제적인 면에서는 일하지 않는 성직자의 증가로 악영향을 주었습니다. 기독교를 공인하기 이전까지 로마에서는 세속의 일에는 관여하지 않고 신과 인간 사이에서 중개역할만 하는 사람을 따로 두지 않았습니다. 게다가 최고 신관부터 사제에 이르기까지 모든 성직자는 민회에서 선거로 결정되었기 때문에 국가 공무원에 가까웠습니다. 때문에 종교와 정치의 불화나 유착은 일어날 수 없었습니다. 정교분리가 자연스레 정착되었던 셈이죠. 반면 기독교의 성직자들은 생산에 종사하지 않았습니다. 게다가 날로 피폐해지는 민중들의 삶과는 달리 세속적인 힘을 손에 넣은 교회의 재산은 점점 불어나기만 했습니다.

로마가 기독교를 공인하게 된 것 역시 정치적 동기 때문입니다. 정적들을 죽이고 유일한 황제로 등극한 콘스탄틴 황제는 기독교를 공인함으로써 이미 큰 세력으로 자라난 크리스트교를 자기 편으로 끌어 들일 수 있었으며, 유일신으로부터 권력을 받았다는 왕권 신수설을 내세워 권좌를 공고히 할 수 있었습니다. 이후에는 아예 기독교를 로마의 국교로 선포하고 황제가 교황의 역할을 겸하게 되었습니다.

홍 물론 기독교를 공인하기 이전의 로마와 그 이후의 로마는 확연히 다릅니다. 집권세력이 정치적 동기로 기독교를 이용하였다는 것도 사실이고요. 그런데 저는 기독교의 영향 그 자체보다도 기독교를 받아들이게 된 로마의 사회적 변화에 주목하고자 합니다.

콘스탄틴 황제가 기독교를 정치적으로 이용하기 이전부터 이미 로마제국 내에서 크리스트교 신자가 크게 늘어나고 있었습니다. 로마 쇠퇴기에 기독교가 크게 번성한 이유는 로마 시민들의 신에 대한 니즈가 변하였기 때문입니다. 특히 가난했던 대중들은 가혹한 현실 속에서 내세의 구원을 약속하는 신, 자신들을 고통에서 구해줄 메시아의 종교가 필요했습니다. 그래서 아무리 죽이고 잡아들여도 크리스트교 신도들은 늘어만 갔던 것입니다. 기존의 로마의 신들은 전쟁에서 이길 수 있도록 지배계급에게 신탁을 내려주는 수호신의 성격이 강했지만, 비참한 백성들에게 내세의 약속이나 구세주의 개념은 없었습니다.

로마의 종교적 변화는 사회적 변화를 잘 반영하고 있다고 생각됩니다. 발전기에 로마인들은 타민족을 배척하지 않았듯이 그들의 신들도 배척하지 않았습니다. 배척하기는커녕 적극적으로 도입했습니다. 신은 수호신이니까, 많으면 많을수록 구석구석까지 관심을 가지고 잘 보살펴줄 거라고 생각했는지도 모릅니다. 반면 유일신을 믿는 기독교는 배타성이 강합니다. 이교적인 상징을 모두 파괴했듯이 로마의 사회도 점점 폐쇄적으로 바뀌어 갑니다. 서로마 제국의 말기에는 야만족에 대한 대량 학살이 자행되었고, 이들이 결국 야만족 반란군에 가담하여 로마를 멸망시키는데 협력하게 됩니다.

주제	로마 발전기	로마 쇠퇴기
타민족 동화 정책	자국의 시민권을 타국인에게 주는데 대단히 너그러움. 그 덕분에 아테네와 스파르타 병력이 만명 단위인데 비해 로마는 10만 단위 병력 가능 시민권에 대한 개방적인 사고방식: 이중 시민권 까지 인정	반야만인도 야만인 취급, 출세에 제한 폐쇄적 사회로 변모
징병제도	말기가 될 때까지 용병제도가 없었음. 돈을 내고 병역을 면제받는 것은 법률로 허용되지 않았다기보다 불명예스러운 일로 여겨짐. 정복한 지방도 차츰 로마에 동화시키려고 자금 협력보다는 병력 제공을 요구.	3세기부터 이탈리아 반도에서는 병사 모집이 이루어지지 않음. 갈리아 동부나 발칸지방의 남자들을 지원병으로 모집. 이탈리아 반도 남자들의 병역기피. 대농장 주인들은 또 그들대로 자기네 농장에서 일하는 경비원이나 농노를 내놓고 싶어하지 않음.
종교	다신교 시절 세속 일을 하지 않고 신과 인간 사이에서 중개역할만 하는 사람을 따로 두지 않음. 최고 신관부터 사제에 이르기까지 모든 성직자는 민회에서 선거로 결정(국가공무원) 정교분리, 종교는 지도원리가 아니라 버팀대에 불과	미래에 절망한 사람들은 구원에 대한 희망을 준 기독교가 급속히 퍼짐. 지배자에게 유리하고 세습을 정당화 할 수 있는 왕권신수설을 위해 기독교를 공인함. 개선장군에게 '하루만의 신'의 지위를 부여하는 관습도 폐지. 이교적인 상징으로 간주하여 월계관도 자취를 감춤. 생산하지 않는 교회관계자는 증가하고 교회재산은 급증
사회 및 경제	정부요직과 원로원 의석을 평민에게도 개방으로써, 젊은 피 수혈 노블리스 오블리제 – 지도자 계급의 희생 강요 계급 동화책 적극 시행	거듭되는 야만족 침입으로 농민은 농토를 버리고 도시로 이주. 도시는 과밀화됨 4세기 후반부터 농민의 지방 회귀현상이 나타나기 시작했지만 자작농이 아닌 농노화 (높은 세금, 안전문제, 수확물 파는 걱정, 황제의 징집명령도 대농장 주인은 원로원 의원이거나 고위 공직자이므로 빠져나감.) 자작농 출신이 기둥을 이루는 로마 군사력이 양과 질에서 하락 경제력저하는 인구감소로 이어짐. 목욕을 환영하지 않는 기독교 보급으로 병사자 증가.

설득의 심리학 外 VS 죽음의 수용소에서 外

- **청코너 출전선수**: 설득의 심리학 /스키너의 심리상자 열기
- **선수 소개**: 〈스키너의 심리상자 열기〉는 인간의 본성에 대한 기존의 개념을 완전히 뒤엎었던 놀라운 심리 실험들에 대해 알려주고 있으며, 〈설득의 심리학〉은 이를 기반으로 남을 설득하는 실천 전략이다. 심리학에 대한 대중의 인기를 몰고 온 유명 선수들.
- **선수의 辯**: 인간은 주무르는 대로 만들어지는 법이다. 남을 설득하려면 인간이란 동물을 이해해야 한다. 인간 심리에 대한 이해가 없으면, 영업, 마케팅, 심지어 연인, 가족과의 관계도 실패할 수밖에 없다.

- **홍코너 출전선수**: 죽음의 수용소에서/ 스키너의 심리상자 닫기
- **선수 소개**: 생물학주의와 동물실험이 인간의 심리를 설명할 수 있을까? 수용소에서 수년간 죽음의 공포를 이겨야 했던 빅터 프랭클, 그리고 노동운동으로 수배생활을 해온 토종 심리학자 김태형의 치유의 심리학.
- **선수의 辯**: 복잡미묘한 인간의 심리는 동물실험으로 알 수 없다. 우리는 스스로를 창조적 인간으로 만들어 갈 수 있는 힘이 있다. 상처받은 자신을 보듬어 주는 자기 주도 심리치료가 필요하다.

경기진행 순서
1라운드 인간은 유전과 환경의 산물인가
2라운드 설득 vs. 치유 (사랑에 대해)

북배틀 포인트

미국에서 발달한 행동주의 심리학은 인간의 심리를 이해하고 현실적인 심리 전략을 사용하는데 아주 유용한 도구들을 제공하였다. 언뜻 보기에 자율반응 처럼 보이는 것들이 실제로는 자극에 의해 유도된 것임을 증명함으로써 '자 유의지'라는 개념에 의문을 제기했다. 하지만 동물실험과 생리적 연구결과에 주로 의존하는 이러한 심리학 연구에 반대하는 목소리도 만만치 않다. 이들 사이에는 어떤 논쟁이 벌어지고 있는지 비교해보자.

1라운드 인간은 유전과 환경의 산물인가

청 유전이 더 중요한가, 환경이 더 중요한가는 심리학의 오랜 논쟁거리입니다. 하지만 인간이 유전과 환경의 산물임은 분명합니다. 〈권위의 법칙〉을 예로 들어 봅시다. 유명한 스탠리 밀그램의 전기충격실험을 보면 실험 참가자들은 불합리한 줄 알면서도 권위에 대항하지 못하고 타인을 잔인하게 고문하라는 명령에 따릅니다. 이 같은 비합리적인 행동의 사례는 역사 속에서 얼마든지 찾을 수 있습니다. 합리적이고 논리적이라는 독일인들이 나치의 명령에 따라 수많은 사람들을 학살했던 것이나, 미군의 베트남 학살, 그리고 자기 아들을 제물로 바치라는 신의 명령에 따랐던 아브라함의 행동 모두 불합리한 권위에 대한 복종의 사례들입니다.

그렇다면 인간은 왜 스스로 합리적으로 생각해서 행동하지 못하고 이처럼 권위에 복종해서 행동할까요? 그 이유는 어려서부터 적절한 권위에 복종해야 한다고 반복적으로 교육받아 왔기 때문입니다. 사실 '권위체계' 는 복잡하고 정교한 인간사회의 구성과 운영을 가능하게 해주는 장점이 있습니다. 따라서 부모, 학교, 군대, 종교, 법률, 정치제도를 통해서 인간은 끊임없이 권위에 따를 것을 반복적으로 교육받습니다. 그 결과, 권위에 대한 복종은 거의 무의식적인 차원에서 자동적으로 일어납니다.

이러한 습성은 상대방을 설득하는데 이용할 수 있습니다. 동물들은 상대를 겁주고 제압하기 위해 자신의 몸 크기를 부풀립니다. 마찬가지로 인간들은 권위의 상징을 이용해 상대를 심리적으로 제압하곤 하는데, 흔히 고급 옷차림과 승용차 같은 도구가 사용됩니다. '자동차 경적실험' 을 보면 사람들은 경차에게는 야박하게 경적을 울리는 반면, 고급 차에게는 훨씬 관대하고 예의 바르게 행동함을 알 수 있습니다. 그 밖에도 타인에게 권위를 느끼게 하는 도구들은 많습니다. 직함이나 학력 등도 흔히 이용됩니다. 그럴듯한 직함을 만들거나 가짜 학력으로 권위를 만들어내면 상대방은 훨씬 잘 설득됩니다. 따라서 남을 설득하려 하거나, 반대로 남의 부당한 설득 전략에 넘어가지 않기 위해서는 인간의 이러한 습성을 잘 이해할 필요가 있습니다.

홍 인간에 대한 '냉소' 와 '혐오' 를 가지고 세상을 바라보는 것은 고통스럽고 극히 허무한 일입니다. 아이러니하게도 전기충격 실험으로 인간에 대한 혐오증에 가장 시달린 사람은 실험자인 스탠리 밀그램 자신이었습니다. 적당한 조건만 주어지면 언제든 '악마' 로 변할 수 있는 인간들에게 둘러싸여 살아야 한다고 생각했으니까요. 하지만 스탠리 밀그램은 전기충격 명령에 따랐던 65%의 사람에게만 주목했을 뿐, 그 명령을 거부했던 35%의 사람에게는 주목하지 않았습니다.

사람은 환경의 영향을 받기도 하지만 환경을 바꾸어 나가는 주체이기도 합니다. 그리고 인간사회를 개선시켜 나가는 데는 35%만으로도 충분합니다. 사람은 고난을 겪으면 '무기력' 해지기도 하지만 오히려 '단련' 되기도 합니다. 다행히도 인류는 고난을 겪으며 무기력해진 사람이 아닌 '단련된 사람' 의 뒤를 따라서 전진해 왔습니다. 노예제를 폐지하고, 봉건제도를 무너뜨렸으며, 독재를 물리쳤습니다. 인간이 인간다울 수 있는 것은 가치관과 신념을 가지고 있기 때문입니다. 스님들이 결혼을 하지 않고 채식만 하며 산에서 사는 것도, 어떤 사람들이 정치적 신념을 위해 목숨을 내놓는 것도, 어떤 이들이 환경을 파괴하는 반면 다른 이들은 이를 지키려고 애쓰는 것도 결코 유전자나 환경의 탓으로 볼 수 없습니다. 그것은 인간을 인간답게 만드는 가치관과 신념의 차이 때문입니다.

행동주의 심리학의 스키너의 이론을 아주 단순하게 말하자면 '자극-반응' 이론이라고 할 수 있습니다. 이 원리를 응용해 '보상과 처벌' 이라는 '강화물' 을 이용하면 동물을 조련할 수 있다고 생각했으며, 이를 인간세상에까지 적용하기 시작했습니다. 심지어 강화 프로그램을 이용하면 아이들을 '정치인', '예술가', '운동선수' 등 부모가 원하는 대로 키울 수 있다고 주장하기도 했습니다. 하지만 사람은 실험실의 '쥐' 와는 다릅니다. 실험동물로부터 얻은 정보로 실험실 밖의 세상을 설명하려는 시도는 환원주의(저차적인 법칙으로 고차적인 현상을 설명하는 것)의 오류에 빠질 가능성이 많습니다. 또한 조건화를 통해 보통 아이를 천재로 만들거나 사회를 개선시키는 '대중운동'을 일으킬 수도 없습니다. 행동주의 심리학은 사람의 행동이나 반응만 관찰할 뿐 사람 그 자체에 대해서는 거의 연구를 하지 않습니다. '강화물을 적절히 이용하면 사람들을 마음대로 조종할 수 있다'는 기막힌 가능성은 실망과 절망으로부터 인간을 구하기 어렵습니다. 물론 인간의 심리에 유전자와 환경의 영향을 무시할 수는 없지만, 다른 한편으로 이를 뛰어넘을 수 있는 인간의 의지에 더욱 초점을 맞추어야 합니다. 앞으로의 심리학 연구가 자유의지와 희망, 그리고 상처받은 마음의 치유에 중점을 두어야 하는 이유입니다.

2라운드 설득 vs. 치유 (사랑에 대해)

청 진화론은 인간의 행동에 유전자가 미치는 영향을 보다 잘 알 수 있게 해주었습니다. 남자들이 풍만한 가슴과 엉덩이를 가진 여인에게 호감을 느끼는 것도, 결혼이나 가족이란 제도가 정착된 것도 역시 진화와 유전자 때문입니다.

유행가 가사는 물론이고 인간의 온갖 문화활동의 주제가 되어 온 '사랑' 역시 인간의 생존을 위한 유전자의 명령에 따른 결과입니다. 그런 의미에서 이성과의 사랑을 꿈꾸는 젊은이들에게 아주 효과적인 전략이 존재합니다. 사람이 타인에게 호감을 느끼고 더 나아가 애정으로 발전하는 데는 여러 가지 원인이 존재합니다. 그런 〈호감의 법칙〉은 누구나 살아오면서 체득할 수 있는 것들입니다. 예를 들어 외모를 가꾸는 일(후광효과), 공통점을 발견하는 일(유사성 효과), 칭찬하기, 스킨십 늘이기, 상호협력의 기회 만들기, 긍정적인 연상을 일으키기, 지인을 이용하기 등이 있습니다.

흔히 여성들에게 이상형을 물어보면 외모보다 성격이라고 말합니다. 하지만 실제 실험을 해보면 대부분의 여성들이 외모로 성격을 가늠할 뿐 아니라, 좋고 나쁜 성격의 판단 기준에 외모가 지대한 영향을 미친다는 사실을 알 수 있습니다. 물론 진화의 결과로 여성들은 남성보다는 외모 자체에 덜 집착하는 것이 사실입니다. 여성들이 더욱 초점을 맞추는 것은 타고난 외모보다는 남성의 여러 가지 '파워'를 느끼게 해주는 외양입니다. 즉 잘 차려 입은 복장과 부의 상징물들, 그리고 사회적 지위에 자신도 모르게 이끌리게 되고 사랑으로 발전할 확률이 높아집니다.

인지부조화 이론도 때로는 사랑의 전략을 세우는데 적절히 사용될 수 있습니다. 흔히 여성들이 나쁜 남자에게 매력을 느끼는 이유는 무엇일까요? 볼품없는 남성이 자신을 함부로 대한다는 사실은 참을 수 없는 굴욕입니다. 인지부조화를 경험하게 되면 사람은 자신을 합리화할 구실을 찾게 됩니다. 때문에 자신을 막 대하는 남성의 좋은 점을 자신도 모르게 찾기 시작합니다. 한편 콧대 높은 여성을 좋아하는 남성의 심리는 어쩌면 〈희소성의 법칙〉이 작용하고 있을지도 모를 일입니다. 그렇다면 자신이 희소한 가치를 지니고 있다는 암시를 은연중에 전파하는 것이 좋은 전략이 될 것입니다.

스킨십이 애정을 증폭한다는 사실은 굳이 설명할 필요도 없을 것입니다. 해리 할로의 '가짜 원숭이 실험'을 보면 부드러운 천을 통해 전해지는 스킨십이 아주 중요함을 알 수 있습니다. 소위 연애학 박사라고 자칭하는 사람들이 '질투를 유발하고, 스킨십을 확대하라'는 애교 섞인 조언을 하는 것과도 일맥상통합니다. 이처럼 지고 지순한 대상으로 칭송 받고 있는 사랑이란 감정 역시 복잡한 인간의 진화의 산물이며 유전자에 새겨져 있는 많은 정보에 영향을 받고 있음을 알 수 있습니다.

홍 물론 남에게 호감을 느끼는 여러 요인 중에는 우리가 미처 깨닫지 못하는 여러 가지 요인이 존재하겠지요. 하지만 저는 상대를 설득하고 사랑을 획득(?)하려는 전략보다는 사랑의 진정한 의미, 그리고 사랑에 좌절한 사람에 대한 치유에 중점을 둬서 이야기하고 싶습니다. 인간은 본능에만 이끌려 짝짓기를 하는 동물과는 달리 자유의지를 갖고 있기 때문이지요.

풍만한 가슴과 엉덩이처럼 마음에 드는 형질 때문에 사랑을 운운하는 남자가 진정 사랑을 하는 중이라고 말할 수는 없을 것입니다. 그저 상대에게 반한 상태일 뿐입니다. 형질과 특성 뒤에 위치한 고유하고 하나뿐인 인격을 대면할 때, 비로소 사랑이라고 할 수 있습니다. 그 사람만의 고유하고 유일한 본질을 알아보는 것, 즉 그 사람일 수밖에 없는 존재를 보는 것일 뿐 아니라 그 사람이 될 수 있는 것, 되어야 하는 것까지 봐야 합니다. 사랑은 다른 사람의 인간성 가장 깊은 곳까지 파악할 수 있는 유일한 방법입니다.

물론 이성간의 사랑은 본능적 욕망을 필요로 합니다. 하지만 사랑은 성욕을 올바른 방향으로 이끕니다. 욕망을 풀겠다는 목표뿐 아니라 욕망의 대상, 즉 사랑하는 사람 자체에도 눈을 돌리게 되는 거지요. 사랑에 실패하는 사람은 스스로를 마취시키기 위해 성적 쾌락 속이나, 단순한 성욕의 충족에 빠져듭니다. 질이 아닌 양이 중요해져서 본래 원하던 사랑의 행복이 아닌 단순한 성적 만족에 매달립니다. 하지만 쾌락은 마취의 수단에 불과합니다. 섹스는 그 안에 사랑이 담기는 순간, 아니 사랑이 담겨 있을 때에만 정당화 될 수 있습니다.

3라운드 설득 vs. 치유 (타인과의 관계에 대해)

청 인간은 무리를 지어 살아가는 사회적 동물이기 때문에 다른 사람들의 의견과 행동에 큰 영향을 받습니다. 이를 거창하게 표현하면 〈사회적 증거의 법칙〉이고, 쉽게 이야기하자면 '따라쟁이 습성' 쯤 되겠네요. 흔히 세 사람만 같은 행동을 하면 다른 사람들이 따라 하기 시작합니다. 이러한 특성은 신생아에게도 나타나는 것으로 볼 때 아마도 오랜 진화를 거치면서 유전자에 기록되어 있는 듯 합니다. 신생아는 다른 아기들이 울기 시작하면 따라 울지만 자신의 울음을 녹음했다가 들려주면 따라 울지 않습니다. 즉 신생아도 단순히 소리에 반응하는 것이 아니라, 남의 행동을 따라 한다는 것이지요.

물론 다수의 행동을 따라 하면 유용한 점이 있습니다. 실수가 줄어들고, 보다 빠른 방법을 수월하게 발견할 수 있습니다. 잘 모르는 곳을 여행할 때 사람이 많은 음식점에 들어가면 실패할 확률이 줄어드는 것과 마찬가지로요. 그런데 이를 설득의 수단으로 사용하는 사람들이 있습니다. 흔히 정치인들은 뭔가를 발표할 때 항상 자신의 뒤로 여러 명의 사람들을 세워 놓습니다. 은연중에 자신과 같은 의견을 가진 사람이 다수라는 암시를 전달하고 싶은 것이지요. 정치인들이 입버릇처럼 말하는 '국민의 뜻'이라는 암시입니다. 베스트셀러를 조작한다거나 사이비종교를 전파하는 데에도 유용하게 사용됩니다.

한편 인간이 다수의 행동을 따라 하기 때문에 나타나는 부작용 중의 하나가 소위 '방관자 효과'입니다. 길거리에서 살인사건이 벌어져도 다수의 사람들이 보고 있다면 책임이 분산되어 도움의 손길을 내미는 사람이 없어집니다. 사람들은 저마다 다른 사람들처럼 '사회적 증거'를 찾고 있기 때문이기도 합니다. 때문에 남에게 뭔가를 부탁해야 하는 입장에 처하면, 막연히 여러 사람에게 부탁할 것이 아니라 그 중 한 사람을 선택해서 부탁하는 전략이 필요합니다.

홍 행동주의 심리학자들은 다수를 따라 하는 사람들의 습성을 관찰하고는 인간이 '자유의지'대로 행동하지 않고 타인의 눈치나 보고 무비판적으로 다수를 따라 하는 어설픈 존재라고 해석합니다. 하지만 그들도 인정하듯이 남을 따라 하는 것은 그만큼 이득이 되기 때문이죠. 그리고 무엇보다도 '인간'을 신뢰한다는 증거이기도 합니다. 인간은 사회적 존재이기 때문에 타인으로부터 사랑 받고 싶어하고 사회 속에 포함되고 싶어합니다. 때문에 타인, 특히 다수를 신뢰하는 경향이 있는 것이죠. 다수의 행동을 모방하는 태도를 비난하는 것은 대중에 대한 불신을 조장하는 것과 마찬가지입니다. 심리학은 '다수가 틀릴 수도 있으니 조심하라'는 메시지만 전달해 주는 입장에 서야 합니다.

또 중요한 사실이 있습니다. 방관자 효과를 증명한다는 실험에 있어서도 앞서 스탠리 밀그램의 실험처럼 약 30%는 자신의 의지대로 도움의 손길을 내밀었다는 사실이 그것입니다. 바로 이 30%의 힘이 사회를 변화시키는 힘이요, 환경을 개선해 나가는 인간의 의지입니다. 인간은 그 자신의 이상과 가치를 위해 살 수 있는 존재이며, 심지어 그것을 위해 죽을 수도 있는 존재입니다. 환경의 영향을 중시하는 심리학자들은 환경을 변화시키려는 소수의 사람들, 그리고 그들의 자유의지에 의해 인간이 발전해 왔음을 잊지 말아야 합니다.

4라운드 설득 vs. 치유 (우리의 삶과 심리연구에 대해)

청 사회적 동물인 우리는 일생을 통해 늘 남을 설득하기도 하고 또 남으로부터 설득을 당하기도 합니다. 설득을 했다고 반드시 좋은 것도 아니고, 설득을 당했다고 슬퍼할 일도 아니죠. 그 과정에서 우리는 서로의 관계를 발전시켜 나가니까요. 다만 유전과 환경의 영향으로 인간이 가끔 비합리적으로 행동하는 허점 때문에 남으로부터 부당하게 설득 당하는 일은 없어야 할 듯 합니다. 그런 의미에서 실증주의에 입각한 행동주의 심리학은 많은 공헌을 했다고 생각합니다.

불교에서는 대가 없이 베풀어서 덕을 쌓는 일을 중요시 합니다. 당장의 이해타산에 얽매이지 않고 남을 돕고 베푸는 일을 하다 보면 언젠가 자기나 자기후손에게 더 많은 혜택과 도움으로 돌아온다는 것이지요. 심리학에서 말하는 소위 〈상호성의 법칙〉이라는 것도 같은 맥락이 아닐까 합니다. 흔히

'빚지고는 못산다'는 말 중에는 무언가 남으로부터 마음의 빚을 지면 그것을 갚지 않고는 견딜 수 없다는 뜻도 포함되어 있습니다. 먼저 호의를 베풀면 상대는 보답의 의무를 느끼게 되고 결국 되로 주고 말로 받는 일이 생기게 마련이니까요.

실험에 기초한 인간의 심리연구는 물론 실험조건 설계와 결과의 해석에 따라 여러 가지 상반된 견해를 발전시켜 나갈 수 있습니다. 일부 실험들은 조건화가 잘못 설계될 수도 있고, 실험결과의 해석에도 무리가 있을 수 있습니다. 하지만 그 한계에도 불구하고 생리연구나 행동연구는 우리에게 많은 정보와 지침을 제공하고 있습니다.

홍 생리연구에 따른 약물치료는 오늘날 정신치료의 중요한 수단가운데 하나임은 분명합니다. 하지만 인체의 자연치유력에도 관심을 기울여야 합니다. 병이 재발하지 않도록 하기 위해서는 반드시 심리치료가 필요합니다. 정신병의 원인을 '뇌의 고장'으로만 볼 게 아니라, 마음의 병으로 진단하고, '의미를 찾으려는 의지'의 좌절에 치유의 초점을 맞추어야 합니다.

한국의 자살률은 세계 최고 수준입니다. 사람이 스스로 삶을 포기하는 이유는 삶의 의미를 찾을 수 없기 때문입니다. 로고테라피는 인간 존재의 의미는 물론 그 의미를 찾아나가는 인간의 의지에 초점을 맞춘 이론입니다. 스스로 삶의 의미를 깨우치도록 함으로써 정신병을 극복하고 자살을 하지 않도록 도움을 줍니다. 인간은 누구나 삶에서 의미를 찾고자 합니다. 그 의미는 유일하고 개별적인 것으로 반드시 그 사람이 실현시켜야 하고, 또 그 사람만이 실현시킬 수 있습니다.

때로 의미를 찾으려는 인간의 의지는 좌절을 경험합니다. 이를 '실존적 좌절'이라고 부르는데, 그 자체는 병적인 것이 아닙니다. 가치있는 삶에 대한 인간의 관심은 물론이고 심지어 그것에 대한 절망도 실존적 고민이지 정신질환은 아닙니다. 이를 정신질환으로 해석하는 의사는 신경안정제로 해결하려 할 것입니다.

의미를 찾으려는 인간의 노력이 마음의 평온을 가져오기보다는 긴장을 불러 일으키는 것은 틀림없지만 내면의 긴장은 정신건강에 절대적으로 필요합니다. 인간에게 필요한 것은 어떻게 해서든지 긴장에서 벗어나는 것이 아니라 앞으로 자신이 성취해야 할 삶의 잠재적인 의미를 밖으로 불러내는 것입니다. 이는 정상인 뿐만 아니라 신경질환을 앓고 있는 환자에게 더 효과가 있습니다. 로고테라피는 의미에 중점을 두고 마음을 치유하는 방법입니다. 인간은 잠재되어 있는 삶의 의미를 실현해야 하며 진정한 삶의 의미는 인간의 내면이나 그의 정신에서 찾을 것이 아니라 이 세상에서 찾아야 합니다. 그런 의미에서 삶의 의미란 끊임없이 변하지만 절대로 없어지지 않습니다.

북배틀에 관해 사람들이 궁금해 하는 또 하나의 질문은 과연 초급 독자들이 쉽게 따라 할 수 있겠냐는 것이다. 독서에 상당히 내공(?)이 쌓인 사람만이 할 수 있는 것 아니냐고 걱정한다. 하지만 절대 그렇지 않다. '저자의 주장이 타당할까?' '저자의 주장에 반대되는 책은 없을까?'라는 생각을 할 때부터 이미 사고의 폭은 확대되고 있는 것이다. 늘 그런 생각을 가지고 책을 읽다 보면 자연스레 북배틀의 포인트가 떠오르기 시작한다. 또한 책에서 저자의 핵심주장을 뽑아내는 작업도 훨씬 수월해지기 시작한다. 해보지도 않고 지레 겁을 먹을 필요는 없다. 혼자서 시작하기 정 어려우면 주변 사람들과 책을 함께 읽고 북배틀 형식으로 논의를 해보면 크게 도움이 된다. 물론 독서모임을 하면 더더욱 좋을 것이다.

어떤 사람들은 다이어트를 운동보다는 약에 의존하려 한다. 하지만 가장 부작용이 없고 요요 현상 없이 몸무게를 줄일 수 있는 방법은 약보다는 식사조절과 운동이다. 운동은 처음에는 힘들어도 일단 익숙해지면 오히려 하지 않은 날 몸이 개운치가 않아지는 법이다. 독서도 마찬가지이다. 단 몇 주일 만에 몸무게를 획기적으로 빼준다는 다이어트 약처럼 크게 노력하지 않아도 다독할 수 있다고 선전하는 상술에 속아서는 안 된다. 몸을 움직여야 건강한 몸이 유지되듯이, 뇌를 움직여야 독서의 양과 질이 늘어나는 것이다. 그리고 몸을 움직이는 수단으로 조깅이나 수영을 하듯이 북배틀과 독서노트 작성은 책을 보며 뇌를 활성화시키는 하나의 수단이다.

설령 당장 배틀을 걸 수 있는 상대를 찾지 못했다고 해도 초조할 것은 없다. 일단 독서노트 작성만 꾸준히 해 놓고 있으면 언제든지 상대를 발견했을 때 링에 오를 수 있다. 당장 배틀을 할 수 없어 안타깝다면 다음과 같은 스무고개 문제를 스스로 만들어 보는 것도 독서를 충실하고 재미있게 만드는 방법이다. 스스로 문제를 내다보면 책의 내용을 더 심도 있게 살펴볼 수 있는 장점이 있다.

스무고개 문제를 만들 때에도 반드시 책의 내용으로만 국한할 필요는 없다. 오히려 관련자료에서 취한 내용을 첨가하는 편이 생각의 폭을 넓히는데 더 도움이 된다. 예를 들어 저자의 인터뷰 기사나 강연 동영상 등을 구할 수 있으면 책에 없는 저자의 생각도 알 수 있다. 아래 화폐전쟁의 스무고개에서도 일부 질문은 저자 쑹빙훙의 최근 인터뷰를 참조한 것이다. 화폐전쟁의 실상을 폭로(?)한 그는 2008년 가을에 터진 미국발 금융위기의 원인을 어떻게 진단하는지 하는 내용도 흥미로울 수 있다. 그렇게 범위를 확대하는 것이 또한 독서의 묘미이기도 하다.

스무고개사례1 화폐전쟁

Q1 은행의 효시

처음에는 금 세공사로 환전상을 겸하였으나, 귀금속 보관업으로 전환하여 근대적 은행업의 효시가 된 이들을 일컫는 말은?

Q2 중앙은행의 탄생

1694년에 이르러 골드스미스들이 발행하는 은행권 중에 독점적으로 국가의 인정을 받는 은행권이 탄생하였다. 이로써 국가의 화폐를 발행하는 최초의 현대적 은행이 탄생하였는데 이는 어떤 은행일까?

Q3 신흥 은행가문의 탄생

1744년 프랑크푸르트의 게토(유대인 거주지역)에서 태어난 유대인 메이어 암셀 바우어는 하노버로 가서 은행수습생으로 일한다. 이후 프랑크푸르트로 돌아와 아버지의 대부업을 이어받아 커다란 금융제국을 만든다. 이 은행과 가문의 이름은 무엇일까?

Q4 금융가문의 유럽지배

로스차일드 가문을 만든 메이어 로스차일드에게는 5명의 아들이 있었다. 첫째 암셀은 독일, 둘째 살로몬은 오스트리아, 셋째 네이션은 영국, 넷째 칼은 이탈리아, 다섯째 제임스는 프랑스에 보냈다. 이중 런던에 있던 네이선은 이 전투의 결과를 미리 알고 영국국채를 싼 값에 사들여 커다란 이익을 보았다. 로스차일드 가문에 커다란 이익을 가져 온 이 전쟁은?

Q5 링컨의 화폐

남북전쟁 당시 링컨이 군비조달을 위해 국가가 책임을 지는 법정화폐를 발행하였다. 링컨의 법정화폐의 속칭은?

Q6 치명적 타협

남북전쟁 당시 돈이 더 필요한 링컨은 결국 의회의 은행가 세력에게 고개를 숙였고, 타협결과 1863년 '국가 은행법' 에 서명했다. 정부가 국립은행에 통일 표준의 은행권, 즉 그린백과 똑같은 은행권을 발행할 권한을 주는 것이었다. 중요한 점은 이들 은행이 _____을 은행권 발행의 준비금으로 삼아 미국의 화폐 발행과 정부채무를 연동시킴으로써 정부가 영구적으로 채무를 상환할 수 없게 한 것이다.

Q7 미국 금융기업의 탄생

로스차일드 가문은 재산가이지만 유태인이라는 한계로 귀족들의 업신여김을 당했다. 이에 네이선 로스차일드는 미국인 조지 피바디라는 상업은행 은행가를 대리인으로 삼았다. 피바디는 이후 미국 국채를 매입하여 큰 돈을 벌고, 1901년에는 카네기 철강회사를 인수한다. 조지 피바디가 일으킨 이 금융기업의 이름은?

Q8 금본위제에서 법정화폐로

금본위제에서 은행가들은 인플레이션에 극도로 반대한다. 어떤 화폐라도 평가절하되면 은행가의 이자 수입에 직접적 타격을 주기 때문이다. 하지만 인플레이션에 따른 대출이자의 손실보다 _____의 확대를 통한 수익이 훨씬 크다는 점을 알게 된 은행가들은 갑자기 법정 화폐의 가장 열렬한 제창자로 변했다.

_____에 들어갈 말은?

Q9 금의 지위 박탈

저자에 의하면 국제 금융 재벌들은 화폐로서의 금의 지위를 세 단계에 걸쳐 배제하였다. 첫 단계는 미국 국내에서 유통 및 교환되는 금화를 폐지하고, 두 번째 단계는 세계적으로 황금의 화폐 기능을 없애는 것이다. 이후 리처드 닉슨 대통령은 1971년에 금태환을 중단함으로써 세 번째 단계를 완성했다.

이중 두 번째 단계로 달러의 금 환전 시스템을 만든 것은?

Q10 경제 불황의 조작

저자는 국제 금융재벌들이 손쉽게 돈을 벌기 위해 경제불황을 조작한다고 주장한다. 즉, 신용대출을 확대함으로써 경제적 거품을 조장하고, 사람들로 하여금 투기에 집중하게 한다. 그런 다음 통화량을 갑자기 줄여 경제 불황과 재산 가치의 폭락을 유도한다. 그리고 우량자산 가격이 폭락하기를 기다려 갑자기 나서서 말도 안 되는 싼 가격에 사들인다는 것이다. 이를 가리키는 속칭은?

Q11 세계를 통치하는 엘리트 그룹

미국 정치에 절대적인 영향력을 갖는 단체로, 중요한 영향력을 가진 은행가, 대기업 임원, 정부고위 관리, 매스컴 엘리트, 저명 대학교수, 고급장성이 주요 멤버다.

저자는 국제 금융재벌들이 극소수의 영미 엘리트가 통치하는 세계 정부와 최종의 통일된 세계화폐 발행 체계를 수립하고 모든 지구인에게 '세계의 세금'을 징수하는, 이른바 '신세계 질서'를 수립하기 위해 영국 왕립 국제문제 연구소와 미국의 이 협회를 만들었다고 주장한다.

훗날 거시방침을 관장하는 빌더버그 클럽과 정치를 관장하는 삼각 위원회라는 산하기구를 파생한 이 협회의 이름은?

Q12 국제기구

닉슨이 황금과 달러의 교환중지를 선포했을 때 이들 두 기구의 역사적 사명은 이미 종결되었다고 봐야 한다. 그러나 국제금융재벌은 재빨리 이 기구들에게 개발도상국의 '세계화'를 돕는다는 새로운 역할을 부여했다. 이들의 처방은 첫째, 사유화, 둘째 자본시장의 자유화, 셋째 자유무역이다.

저자가 금융재벌들이 개발도상국에 가한 비밀스런 금융전쟁의 수단으로 지목한 세계기구 둘은?

Q13 채무화폐와 비채무화폐

달러는 일종의 차용증서이며 모든 차용증은 날마다 이자가 붙는다. 그 천문학적 이자수입은 누구에게 돌아갈까? 다름아닌 달러를 만들어내는 은행의 몫이다. 채무와 화폐는 연동되어 있으므로 채무는 늘어날 수 밖에 없다. 이 같은 악순환은 무거운 이자부담으로 인해 경제발전을 가로막고, 결국에는 모든 체제가 붕괴할 때까지 계속된다. 채무의 화폐화야말로 현대 경제에 도사린 심각한 잠재적 불안이다. 이에 반해 실질적인 소유를 나타내는 비채무 화폐의 대표적인 것으로 저자가 꼽는 것은?

Q14 달러의 급소 – 美국 채의 급증과 인플레이션

미국은 2001년 이후 테러와의 전쟁에 막대한 지출을 한 데다 대량으로 발행했던 각종 국채의 만기일이 연달아 돌아왔다. 게다가 점점 늘어가는 이자 지출 때문에 더 많은 국채를 발행해 기존의 국채로 말미암은 비용을 충당해야 했다.

  1913~ 2001년 (87년간) : 6조

2001~ 2006년 (6년간) : 3조

2006~ 2009년 (2.5년간): 3조

그렇다면 달러의 추가 발행으로 인해 통화 팽창을 초래하기 십상인 데, 그럼에도 소비자 물가지수에 반영되는 통화팽창은 아직 두드러 지지 않았다. 그 비결로 저자가 지목한 것은?

Q15 美 정부보증기관의 몰락

저자는 파생상품이 금융시장의 시한폭탄이며, 파생금융상품 시장의 붕괴는 역사상 가장 심각한 경제혹한을 불러올 것이라고 현재의 경 제위기를 예언했다.

그리고 금융 파생수단에 지나치게 의존하는 정부보증기관의 리스크 방어전략은 단기금리의 급작스러운 변동에 제대로 대처하지 못할 것이라고 예측했다.

미국 정부가 권한을 위임한 최대 부동산 대출기업인 이 정부보증기 관의 명칭은?

Q16 연금당한 화폐의 제왕, 금

1990년대초, 국제 금융재벌은 '화폐의 제왕'을 금값을 억누르기 위 해 중앙은행으로부터 1%의 최저금리로 금괴를 빌려와 5%의 미국 국채를 구입해 금리 차이를 챙겼다. 그리고 장기투자의 리스크를 방 어하고자 선택한 대안은?

1) 금풀 Gold Pool 제도   2) 황금 선도거래

Q17 쑹훙빙의 향후 전망1

저자는 달러범람이라는 피할 수 없는 본질적 문제 때문에 미국이 유가의 폭등을 유발하여 세계인의 달러수요를 늘릴 것이라고 전망한다. 미국이 유가폭등을 유발하기 위해 사용할 것이라고 저자가 예측한 수단은?

Q18 채무화폐의 폐해

"채무를 화폐화하면 화폐의 부족은 해소할 수 있다. 그러나 화폐의 발행증가에 따른 유동성의 범람은 사회구석구석에 쌓여 경제 고지혈증을 유발한다. 오늘날 주요 증권시장은 이미 산처럼 쌓인 채무화폐에 치여 가치가 심각하게 고평가 되어 있다. 투자자들은 주식 배당금 수익을 바라지 못하고 오로지 주가상승에만 희망을 걸고 있다."

한편 채무화폐 체제와 함께 장기 인플레이션의 원흉으로 저자가 지목하고 있는 것은?

Q19 위안화의 기축통화 전략

저자는 유럽과 미국 중앙은행의 황금보유고 2만 톤을 막대한 중국의 무역수지 흑자로 사들이는데 온스당 650달러를 기준으로 고작

_____년 밖에 걸리지 않는다고 예상한다.

중국이 5년간 이렇게 왕성한 식욕으로 황금을 먹어 치운다면 국제 금값의 상승으로 국제 금융재벌들이 설치한 달러 장기 금리의 상한 선이 뚫리고, 결국 달러 화폐 체계가 맥없이 무너지게 될 것이라고 말한다.

중국이 금은본위제 화폐제도를 시행하기 위해 2만톤의 금을 사들이는데 걸린다고 예상한 기간은?

Q20 중국의 금융개방

저자는 금융개방의 본질은 사실 '화폐전쟁'이라고 정의하면서, 외국의 은행들이 중국에 진출하여 위안화를 발행하지 않으면서도 막대한 신용대출을 통해 화폐를 '창조'하여 중국의 중앙은행을 무력화할 수 있다고 주장한다.

특히 일본 금융업의 확장세를 눌렀던 바젤협의를 2004년도에 업그레이드하여 중국 은행 시스템에 사용될 준비를 마쳤다고 주장하는데, 이 '은행의 리스크 관리 국제기준'은?

화폐전쟁(정답 및 해설)

Q1 은행의 효시

정답 골드스미스(goldsmith: 金匠)

해설 상거래가 늘어난 1600년대 무렵, 런던의 상인들은 화폐의 기능을 하는 금화와 귀금속을 보관하고 또 서로 주고받기가 불편하였기에, 금세공사인 골드스미스에게 이를 보관하고 보관증(goldsmith note)을 받아 금화와 귀금속 대신 이를 유통하였다. 골드스미스들은 이러한 골드노트가 환급청구를 받는 일이 거의 없는데다, 환급청구가 있다고 하더라도 동시에 청구 받는 일이 없다는 사실을 알아채고는 마침내 자신들이 보관하고 있는 금보다 많은 보관증(은행권)을 발행했다. 즉 돈이 필요한 사람에게 대출해주고 이자를 챙기기 시작했다. 대출자들이 원금과 이자를 갚고 나면, 아무 일도 없었다는 듯 차용증을 폐기했다.

Q2 중앙은행의 탄생

정답 잉글랜드 은행

해설 윌리엄 패터슨(잉글랜드 은행 이사)은 영국이 두 차례의 내전과 정국혼란으로 국고가 바닥나자, 윌리엄 1세를 설득하여 미래의 세수를 담보로 민영은행인 잉글랜드 은행으로부터 120만 파운드를 융자받도록 하였다. 그리고 매년 8%의 이자만 지급하고 원금은 영원히 갚지 않아도 되는 영구적 채무가 되도록 하였다. 그 대가로 국가가 승인한 은행권을 독자적으로 발행할 수 있는 왕실 특별허가증(Royal Charter)를 받았다. 결국 민간은행이 영국의 화폐를 독점적으로 발행할 수 있게 된 것이다.

Q3 신흥 은행가문의 탄생

정답 로스차일드

해설 메이어 암셀 바우어는 성씨를 로스차일드로 바꾼다. 그는 에스토르프 장군과의 친분을 바탕으로 윌리엄 왕자에게 접근하였으며, 윌리엄 왕자가 용병사업으로 축적한 돈을 받아 운용하는 대리인이 되었다. 프랑스 군대에 쫓겨 덴마크로 망명한 윌리엄 왕자로부터 300만 달러에 달하는 현금을 보관 의뢰 받은 그는 이 첫 번째 뭉치돈을 기반으로 금융제국을 일구었다.

Q4 금융가문의 유럽지배

정답 워털루 전투

Q5 링컨의 화폐

정답 그린백

해설 금융재벌들은 링컨 대통령에게 24-36%의 높은 금리로 융자를 제안했으나 링컨은 이를 거절하고 담보 없이 20년간 5%의 금리로 쓸 수 있는 법정 화폐를 발행하였다. 재무부에서 발행한 이 화폐는 녹색의 도안을 사용해서 다른 은행권과 구별이 되었기에 그린백이라 불렀다. 전쟁기간 동안 총 4억 5천만 달러를 발행했다. (1862-1864년)

Q6 치명적 타협

정답 미국 정부 국채

해설 1864년부터 은행재벌들은 자손 대대로 국채 이자라는 열매의 단맛을 톡톡히 보고 있다. 링컨은 1865년 연임에 성공한 후 이 법안을 폐지하려고 했으나, 대선에서 승리하고 나서 불과 41일 만에 암살당하고 말았다.

Q7 미국 금융기업의 탄생

정답 JP 모건

해설 1854년까지만 해도 100만 파운드급 은행가에 불과했던 조지 피바디는 1857년 경제위기 때 미국국채에 집중 투자함으로써 미국의 중량급 은행가로 탈바꿈 했다. 자식이 없던 피바디는 후계자로 주니어스 모건을 영입했고 그는 여전히 런던에서 회사를 경영했다. 이후 주니어스의 아들 J.P. 모건은 회사를 물려 받은 뒤 미국지사의 이름을 JP모건이라고 지었다.

참고 미국의 대형은행
상업은행: 뱅크 오브 아메리카, JP모건(베어스턴스 인수), 시티그룹, 웰스파고

투자은행: 골드만삭스, 메릴린치, 모건스탠리, 리만브라더스

Q8 금본위제에서 법정화폐로

정답 화폐공급

해설 기존의 잉글랜드 모델은 국채를 담보로 화폐를 발행하고 정부 채권과 은행의 발권을 연동시켜 채무 규모를 점점 확대시킴으로 은행가들이 거액의 수익을 챙기는 방식이었다. 이런 구상은 대출업으로 이자를 챙기는 비교적 원시적 방법으로, 재산의 축적 속도가 너무 느리다는 결함이 있었다. 설사 지급 준비금 제도를 사용하더라도.

Q9 금의 지위 박탈

정답 브레턴우즈협정

해설 44개 연합국이 미국의 브레턴우즈에 모여 체결한 협정으로 IMF와 IBRD의 설립을 결정했다. 이 두 기관은 통화금융면에서 국제경제의 자유화를 촉진할 것을 목표로 삼고 있는데 브레턴우즈 협정에 의거하여 발족한 이 국제통화 금융체제를 브레턴우즈체제라고 한다.
달러를 이용해 금과 환전할 수 있게 함으로써 황금간접교환제도를 대체했다. 즉 각국 화폐와 달러를 연동시키고 달러와 황금을 연동시킴으로써 외국 중앙은행만 달러를 가지고 황금으로 바꿀 수 있게 했다. 이로써 황금은 화폐의 유통 영역에서 한걸음 더 밀려났다.

Q10 경제 불황의 조작

정답 양털깎기 fleecing of the flock

Q11 세계를 통치하는 엘리트 그룹

정답 외교협회

해설 에드워드 하우스는 발기인의 자격으로 뉴욕에서 '국제사무협회'를 발족했다. 1921년 하우스는 국제 사우협회를 외교협회(Council on Foreign Relations)로 개

명했다.

Q12 국제기구

정답 IBRD(세계은행)과 IMF(국제통화기금)

해설 브레턴우즈협정의 설계 초기에 이들 두 금융기구를 설립한 것은 달러에 세계화폐의 패권적 지위를 부여하기 위해서다.

Q13 채무화폐와 비채무화폐

정답 금은화폐

Q14 달러의 급소 – 美국 채의 급증과 인플레이션

정답 파생금융 상품시장

파생상품의 본질은 달러, 즉 채무와 같다. 이 채무는 헤지펀드라는 자산으로 둔갑한 투자조합이며, 보험회사와 퇴직기금에 의해 자산으로 간주되어 계좌에 입금된다. 현재 파생상품 시장규모는 전 세계 GDP의 8배를 넘는 수준으로 확대되었다.

Q15 美 정부보증기관의 몰락

정답 프레디맥, 패니메이

프레디맥, 61억 달러 추가자금지원 요청. 총 510억 달러 (2009년 5월 12일)
패니메이, 190억 달러 추가자금지원 요청. 총 340억 달러 (2009년 5월 8일)
이들 두 업체에 대한 지원금이 내년 9월말까지 1,470억 달러 예상

Q16 연금당한 화폐의 제왕, 금

정답 2)

금 생산업자들에게 4%내외의 금리로 대출하고 지하에 있는 금을 미리 사들임. 이를 통해 수많은 파생상품이 나옴.
금풀 Gold Pool 은 1961년 국제 금융재벌들은 금을 화폐에서 퇴출시키기 위해 미국

과 유럽 주요 7개국이 런던시장의 금 가격을 누르자는 취지로 설립됐다. 하지만 만성적인 파운드 불안과 미국의 국제수지 적자 때문에 금 매각액이 많아져 결국 실패로 돌아갔다.

Q17 쑹훙빙의 향후 전망1
정답 이란전쟁

Q18 채무화폐의 폐해
정답 부분지급준비금제도

Q19 위안화의 기축통화 전략
정답 2~3년

"미 국채에 신뢰를 갖지 못하게 된 중국이 외환보유고로 구리를 중심으로 한 산업용 금속 대량매입에 나섰다. 경기부양책의 일환이라는 것이 중국측의 설명이다. 하지만 실제로는 미국 국채와 달러에 대한 의존도에서 벗어나 외환보유고를 다원화하고 범국가적 화폐 창설에 대한 대비, 원자재 가격 상승에 따른 차익 및 패권강화를 위한 것이라고 영국 '데일리텔레그래프', 프랑스 '쿠리에엥떼르나시오날' 최신호가 보도했다"

Q20 중국의 금융개방
정답 신BIS협약 (바젤II)

참고 은행의 리스크 관리 선진화와 자본 충실화를 유도하기 위한 종합적인 자본규제 제도. 우리나라는 2008년부터 이 기준에 따르고 있다.

Q1 주류 경제학

18세기 경제학자 애덤 스미스와 그의 추종자들의 자유주의 경제학
을 현대적인 관점에서 해석한 경제학을 일컫는 말은? (단답형)

Q2 경제학파간 관점차이

한국이 이룩한 경제발전의 원인을 두고 신자유주의 경제학자들은
한국이 신자유주의적 경제발전을 추구한 덕분이라고 선전하지만 저
자는 이에 반대하고 있다. 즉 한국의 경제 기적은 '시장 인센티브와
( )의 교묘하고도 실용적인 조합이 빚어낸 결과' 라는 것이다. 괄호
에 들어갈 말은?

① 규제철폐

② 민영화

③ 국가관리

④ 자유무역

Q3 경제발전의 원인분석

저자는 무조건적이 아닌, 민족주의적 입장에 기반하여 전략적으로
세계화 경제에 통합되는 것이 중요하다고 주장한다. 다음 중 저자가
그러한 사례로 보지 않는 나라는?

① 중국

② 인도

③ 칠레

④ 영국

Q4 영국 경제정책에 대한 비판

1841년 경제학자 ( )는 영국이 자신들은 높은 관세와 광범위한 보조금을 통해서 경제적인 패권을 장악해 놓고서 정작 다른 나라들에게는 자유무역을 권장하고 있다고 질타했다. 그는 영국이 세계 최고의 경제적 지위에 도달하기 위해 스스로 타고 올라간 '사다리를 걷어차 버렸다'고 비난하며 "정상의 자리에 도달한 사람이 다른 사람들이 뒤따라 올 수 없도록 자신이 타고 올라간 사다리를 걷어 차 버리는 것은 아주 흔히 쓰이는 영리한 방책"이라고 꼬집었다. 괄호에 들어갈 경제학자 이름은?

① 영국의 데이비드 리카도

② 독일의 프리드리히 리스트

③ 스웨덴의 엘리 헥셔

④ 미국의 폴 크루그먼

Q5 보호무역주의 이론

"공업화가 뒤떨어진 후진국으로서는 먼저 국가가 보호하여 공업부문이 성숙한 후에 자유무역으로 전환하는 것이 바람직하다"는 미국의 초대 재무장관 알렉산더 해밀턴이 처음 주창한 보호무역주의 이론은? (단답형)

Q6 세계를 경영하는 국제기구

저자는 부자나라 사람들 가운데 가난한 나라의 시장을 장악하고, 가난한 나라에서 경쟁자가 나오는 것을 막기 위해 자유시장과 자유무역을 설교하는 사람들을 '곤경에 처한 다른 사람들을 이용하는 나쁜 사마리아인'에 비유하고 있다. 그리고 그들의 이익을 대변해 세계를 통제하는 국제경제기구 세 곳을 이른바 '사악한 삼총사'라고 지칭하고 있다. 그 삼총사 중에서 이른바 구조조정 프로그램SAPs이라는 합동작전을 통해 개발도상국의 정책에 막강한 영향력을 발휘하는 두 기구로 지목된 곳은? (2개를 고르시오)

① WTO (세계무역기구)

② OECD (경제협력개발기구)

③ IBRD (국제부흥개발은행)

④ IFC (국제금융공사)

⑤ IMF (국제통화기금)

Q7 자유무역 이론의 이론상 허점

저자는 통계를 조사해보면 자유무역 이론이 개도국에 해로운 것이 실증되지만, 이론 자체적으로도 심각한 한계가 있다고 주장한다. 현대 자유무역 이론의 기초인 HOS(헥셔-올린-새뮤얼슨)이론은 데이비드 리카도의 이론에서 유래했는데, 리카도의 이론이 나라마다 가진 기술이 다른 데서 비교우위를 찾는데 반해 HOS는 나라마다 가진 (자본과 노동 같은) '생산요소' 간의 비율이 다른 데서 비교우위가 비롯된다는 점만 다르다.

그렇다면 저자가 HOS 이론의 한계로 지적한 HOS 이론의 잘못된 가정이 아닌 것은?

① 자유무역은 주어진 자원을 단기간에 효과적으로 사용할 수 있다는 가정

② 어느 한 경제 활동에서 방출된 자본과 노동은 곧바로 아무런 추가적 비용 없이 다른 경제 활동에 흡수될 수 있다는 가정

③ 무역 자유화를 통해 이득을 본 사람들이 얻은 이득이 손해를 본 사람들이 잃은 것보다 많을 것이란 가정

④ 자유무역으로 얻은 총 이득이 총 손해를 초과하는 부분은 시장의 작용을 통해서 자동적인 보상이 이뤄진다는 가정

Q8 '자본시장 개방' 압력에 대한 반박

신자유주의 경제학자들은 개발도상국들 대부분이 저축만으로 국내의 투자 수요를 충족하기 어렵기 때문에 외국에서 필요한 자금을 끌어오는 것이 바람직하며, 그를 위해 국제적인 자본이동의 자유화가

필요하다고 주장한다. 그에 대한 저자의 반박이 아닌 것은?

① 자본이동이 자유화 될 경우, 외국자본의 변동성이 커서 경기변동을 증폭시킨다.

② 개발도상국의 국내시장에서 움직이는 돈보다 국제 금융 시스템 속에서 흘러 다니는 돈이 비교할 수 없이 크기 때문에, 외국자금이 일으키는 쏠림 현상이 더 크다.

③ 외국인 직접투자는 초국적 기업들에게 '이전가격 조작'의 기회를 제공한다.

④ 외국인 직접투자는 많은 경우 그린 필드 투자여서 '파급효과'가 작다.

Q9 '공기업 민영화' 요구에 대한 반박

다음 중 민영화를 주장하는 신자유주의자들에 대한 저자의 반박과 다른 것은?

① 기업의 국유화에 반대하는 세 가지 주장(대리인 비용, 무임승차, 연성예산)중 대리인 비용과 무임승차는 모든 민간 기업에도 똑같이 적용된다.

② 자연독점 사업, 필수서비스를 공급하는 기업들은 국영기업으로 유지되어야 한다. 이러한 분야를 민영화 한 뒤, 선택적인 규제나 지원을 해서 관리하기는 사실상 어렵다.

③ 국영기업은 자본시장이 발전되어 있지 않고 규제와 징세 능력이 취약

한 개발도상국에서 더 필요하다.

④ 굳이 민영화하지 않더라도 국영기업의 성과를 향상시키고, 감독 시스템을 개선하며, 경쟁을 증가시킬 수 있는 방법은 있다.

Q10 민영화로 인한 부작용 사례

다음 중 저자가 민영화로 인한 부작용 사례로 들고 있는 것이 아닌 것은?

① 영국의 철도산업

② 미국의 캘리포니아주 전기산업

③ 필리핀의 메이닐라드 수도산업

④ 핀란드의 제지 기계업 및 화학산업

Q11 국영기업 성공 사례

저자가 예로 든 '지금 혹은 과거에 잘 운영되었던 국영회사들'의 사례가 아닌 것은?

① 싱가포르의 항공사 싱가포르 항공

② 한국의 철강 기업 포스코

③ 일본의 철도 기업 JNR

④ 프랑스의 자동차 기업 르노

Q12 지적소유권 강화에 대한 부작용

저자는 지적소유권(특허, 저작권, 상표권 등) 보호를 강화하고 있는 선진국들의 노력을 비판하고 있다. 이중 저자가 우려하는 것이 아닌 것은?

① 특허권자가 소비자를 착취하는데 기술 독점을 이용할 수 있다.

② 독점으로 인한 비효율성과 '승자독식' 구조에서 빚어지는 경쟁으로 인한 낭비가 발생한다.

③ 경제발전을 위해 선진기술을 필요로 하는 기술 후진국으로 지식이 흘러 들어 가는 것을 차단할 가능성이 있다.

④ 미국에서는 특허심사에 있어 '참신성'과 '비자명성'의 검증이 무력화되는 추세여서 개발도상국들의 특허는 잘 보호되지 못하고 있다.

Q13 선진국들의 지적재산권 무시 역사

저자는 짝퉁 제조나 복제품 제조는 현대 아시아에서 처음 발명된 것이 아니며, 오늘날 선진국들은 후진적이었던 시절에 하나같이 다른 나라의 특허권, 상표권, 저작권을 닥치는 대로 침해했다고 말한다. 그 예로 든 것이 아닌 것은?

① 미국은 영국의 저작권을 차용하였으며, 1988년 이전까지 국외 출간 저작물의 저작권을 인정하지 않음.

② 영국은 프랑스의 기술을 빼내기 위해 존 로(John Law)를 시켜 숙련 노동자 수백 명을 빼옴

③ 스위스는 특허법에 '기계적인 모델로 표현될 수 있는 발명'에 대한 특

허권만 부여함으로써 의도적으로 독일의 화학적 발명을 차용

④ 독일은 제조국을 알 수 없게 잔꾀를 부리거나 영국에서 단순 조립만

하는 요령을 부려 영국의 상표를 차용

Q14 개도국에 물가안정은 중요한가

저자는 개도국에 물가안정을 주문하는 신자유주의 경제학자들의 논

리에 비판을 하고 있다. 이와 관련된 저자의 주장이 아닌 것은?

① 낮은 물가 상승률은 노동자들이 이미 벌어 놓은 수입은 더 잘 보호하

지만, 반대로 노동자들의 미래 수입을 감소시킨다.

② 물가 안정을 위해 이자율을 높게 책정하면, 개도국의 회사들은 대출

문턱이 높아져 투자는 줄어들고 그에 따라 저성장과 일자리 부족이 초

래된다.

③ 적정한 물가상승을 동반한 경제성장을 위해서는 중앙은행이 독립성을

가져야 한다.

④ 심각한 소득 불평등 문제를 대규모의 재분배 프로그램이 아닌 방법으

로 다루어야 하는 개발도상국의 입장에서는 엄격한 통화 정책은 재앙

에 가까운 일이다.

Q15 중앙은행의 독립성 문제

저자는 개도국에서 중앙은행의 독립성을 강요하면 안 된다고 주장

하고 있다. 그 근거가 아닌 것은?

① 중앙은행에 독립성을 부여하면 중앙은행은 자신의 지지자들에게 도움
이 되는 정책을 표나지 않게 추진할 수 있다.

② 중앙은행의 독립성은 민주적 책임성에 중요한 문제를 제기한다.

③ 물가안정에만 주력하면서 정부의 간섭을 받지 않을 경우, 경제성장과
고용 등 다른 경제발전 전략을 펴기 어렵게 된다.

④ 물가안정에 주력하는 독립된 중앙은행은 낮은 임금 노동자 등 취약계
층에 불이익을 초래해 대규모 소득 재분배 프로그램의 필요성을 증대
시킨다.

Q16 '재정 건전성(?) 강조'에 대한 비판

저자가 일컫는 소위 '나쁜 사마리아인'들이 주장하는 재정 건전성
에 대해 저자는 재정 건전성이 과연 무슨 의미인가부터 재정의 해야
한다고 한다. 저자의 재정 건전성에 대한 견해가 아닌 것은?

① 재정균형은 장기간 개발 전략에 맞추어야 한다.

② 정부 예산은 매 회계연도마다 균형을 맞추거나 흑자가 나도록 노력하
는 것이 장기적인 발전을 위해 필요하다.

③ 개도국 입장에서는 누적 채무를 지탱할 수 있는 한도 내에서는 상당
기간 적자 예산을 운용하는 것이 합리적이다.

Q17 '건전한 금융정책(?)'에 대한 비판

저자가 일컫는 소위 '나쁜 사마리아인'들은 '건전한' 금융정책이라며 은행이 자기자본 규모의 변화와 연계하여 대출을 조정(BIS 비율 준수)하라고 요구한다. 하지만 저자는 엄격한 BIS 비율 적용이 결국 은행 자체에 손실을 입힐 것이라 주장한다. 그 근거가 아닌 것은?

① 변동성 강화로 인해 적절한 재정 정책 수행이 어려워짐

② 경제 순환 주기의 증폭

③ 부실기업에 대한 대출 증가

Q18 '건전한 재정정책(?)'에 대한 비판

정작 부자 나라들은 경제 후퇴기에 들어서면 대개 통화 정책을 완화하고 예산 적자를 늘리면서도 개도국에는 IMF를 통해 이자율을 불합리한 수준으로 올리고, 예산균형을 유지하거나 더 나아가 흑자를 이루라고 강요한다. 저자는 이를 빗대 부자나라에는 ___주의, 가난한 나라에는 ___주의라고 비꼬고 있다. 괄호에 각각 들어갈 단어를 아래에서 고르시오.

- 케인스 주의, 중상주의, 공급주의, 신고전주의, 신자유주의, 통화주의 -

Q19 경제성장과 민주주의의 관계

저자는 '민주주의와 자유시장은 천생연분이며 상호보완의 관계에

있다'는 신자유주의자들의 견해에 반대한다. 이와 관련된 저자의 주장이 아닌 것은?

① 민주주의는 '1인 1표'에 따라 움직이고, 시장은 '1달러 1표'의 원리에 따라 움직이므로 근본적인 차원에서 충돌한다.

② 경제성장과 민주주의 발전을 위해서는 경제의 탈정치화가 필요하다.

③ 민주주의와 시장 사이에 근본적인 긴장 관계가 있기 때문에, 민주주의가 자유 시장을 활성화시킴으로써 경제 발전을 촉진할 가능성은 거의 없다.

④ 규제완화는 시장의 영역을 확장하고 민주주의의 영역을 축소시킨다.

Q20 신자유주의의 정책실패를 정치와 문화에서 찾는 문제

나쁜 사마리아 인들은 자신들이 주장하는 자유무역, 민영화 등의 정책들이 실패를 거듭하자, 그에 대한 변명을 비정책적인 요인, 즉 정치와 문화에서 찾는 사례가 점점 두드러지고 있다. 이에 반해 저자는 문화주의자들의 견해에 반박하고 있는데 다음 중 이와 관련된 저자의 견해가 아닌 것은?

① 문화의 영향에 대해 말하고자 한다면 사람들을 보다 넓은 범주에서 구분해야 한다.

② 경제발전에 확실하게 좋거나 나쁜 문화란 존재하지 않는다. 단지 자신들의 문화 속에 들어 있는 '원료들'을 가지고 무엇을 하느냐에 따라 결과가 달라질 뿐이다.

③ 사람들의 행동이 문화에 의해서 결정되는 것은 아니다.

④ 부정적인 행동 양식이 세대를 넘어 전해지는 신념과 가치관, 사고방식
에 기초하고 있고, 그에 따라 변화가 대단히 어렵다는 점을 이유로 그
기업이 '문화적인 것'에 있다고 설명할 수는 없다.

⑤ 문화는 경제가 발전함에 따라 변화한다.

나쁜 사마리아인들(정답 및 해설)

Q1 주류 경제학

정답 신자유주의 경제학

해설 신자유주의 경제학은 1960년대에 처음 출현하여 1980년대 이후 경제학의 지배적인 견해가 되었다. 이들은 자유시장에서의 무한 경쟁이야말로 모든 사람들에게 최대의 능률을 발휘할 것을 요구한다는 점에서 국가 경제를 활성화하는 최선의 방법이라고 생각한 과거 자유주의 경제학자들의 자유시장에 대한 열광을 그대로 물려받았다. 이들은 규제철폐와 민영화, 국제무역과 투자에 있어 개방이라는 핵심 아젠다를 갖고 있다.

Q2 경제학파간 관점차이

정답 3

해설 저자는 60-70년대의 한국정부가 특정 산업을 선택해 보호관세나 보조금 같은 지원을 통해 육성했고, 국영은행을 통해 기업의 생명 줄인 대출까지 관리하였으며, 대형사업은 포스코 같은 국영기업에 의해 직접 추진하는 등의 역할을 했는데, 이를 통해 한국의 유치산업이 세계와 경쟁할 수 있는 시간을 벌어주었다고 말한다. 즉 시장을 진지하게 받아들이기는 하지만 시장이 정책 개입을 통해서 조정되어야 할 때가 많다는 사실을 깨달은 덕분에 경제기적을 일구었다고 주장한다.

Q3 경제발전의 원인분석

정답 3

해설 중국은 1990년대까지 평균 관세율이 30%가 넘을 정도로 고율의 관세를 부과했으며, 아직도 외국인 소유에 대해 상한선을 긋고, 일정 비율의 국내 부품 조달 의무를 부과하고 있다. 인도 역시 1990년대 초의 무역 자유화 이후에도 평균 제조업 관세가 30%를 넘고 현재도 25%를 유지하고 있다. 영국 역시 벨기에와 네덜란드에 뒤처져 있던 후진국 시절, 정부의 보호와 보조금을 통해 모직물 제조업을 육성시켰으며 미국을 비롯한 여러 나라들과의 무역에서 불리해질 때마다 보호무역을 되살려 자국산업을 보호해 성장했다. 반면 칠레는 실용적으로 선회한 신자유주의 정책으로 순조로운 경제성장을 이루긴 하였지만, 그 결과 지난 30년 동안 많은 제조업체가 무너지고 천연자원에 기반한 수출품에 대한 의존은 심화되었다. 결국 칠레는 생산성이 높은 활동으로 옮겨갈 수 있는 기술적 능력이 없다는 점에서 궁극적으로 도달 가능한 번영의 수준에 있어 뚜렷한 한계에 직면하고 있다.

Q4 영국 경제정책에 대한 비판

정답 2

해설 영국은 19세기 중반까지 고도의 보호무역을 통해 경쟁력을 확보하였으며, 이를 통해 세계적인 경쟁력을 확보했다. 이후 보호무역은 그 필요성이 줄어든 정도가 아니라 오히려 역효과를 내고 있었다. 자유시장과 자유무역을 지지하는 〈국부론〉을 집필한 애덤 스미스는 이것이 영국에게 유리하다고 판단했기 때문이다. 또한 데이비드 리카도의 '비교우위 이론'은 다른 나라들이 공업화에 나서는 대신 농업에 계속 몰두하도록 유도하는 논리적 근거를 마련하였다.

Q5 보호무역주의 이론

정답 유치산업보호론

해설 식민지 미국이 하이테크 제품의 제조를 할 수 없도록 철저히 금지할 뿐 아니라, 관세를 이용해 새로운 산업을 보호하는 것도 금지하는 영국의 처사에 분노한 알렉산더 해밀턴은 이른바 '유치산업 보호론'을 주창하였으며, 이는 독일의 경제학자 프리드리히 리스트에 의해 체계화되었다. 유치산업보호론은 여러 세대에 걸쳐서 많은 나라의 경제발전 프로그램을 고무시킨 반면, 자유무역 경제학자들에게는 혐오의 대상이 되었다.

Q6 세계를 경영하는 국제기구

정답 3번과 5번

해설 원래 IMF는 국제수지가 위기 상황에 처한 나라들이 디플레이션 정책을 사용하지 않고도 국제수지 적자를 줄일 수 있도록 차관을 제공하기 위해 설립되었다. 또 세계은행이라고도 불리는 IBRD는 전쟁으로 파괴된 유럽 국가들의 재건 및 식민지배에서 벗어난 지 얼마 되지 않은 신생독립국가들의 경제발전을 돕기 위해 설립되었다.
하지만 제3세계 외채위기가 있었던 1982년 이후 IMF와 IBRD의 역할은 크게 달라졌다. 이들은 이른바 "구조조정 프로그램SAPs"이라는 것을 통해 본래 임무에서 훨씬 벗어나 정부예산, 산업규제, 농산물 가격, 노동시장 규제, 민영화 등 개발도상국들의 거의 모든 경제 정책을 좌지우지 하였다. 1990년대 들어 차관에 이른바 "체제관련 융자조건governance conditionalities"을 붙이기 시작하면서 민주주의, 정부의 분권화, 중앙은행의 독립은 물론 기업의 지배구조와 같은 그 이전에는 생각조차 할 수 없었던 영역에 대한 간섭이 시작되었다.

Q7 자유무역 이론의 이론상 허점

정답 1

해설 HOS 이론은 생산자원이 어떤 경제활동이든 자유롭게 넘나들 수 있다는 소위 '생산요소의 완벽한 이동성'을 주장하지만, 저자는 생산요소들이 대개 물리적인 속성이 고정되어 있기 때문에 산업들 사이를 넘나들면서 사용될 수 있는 '보편적인 용도'를 가진 기계들이나 '보편적인 기술'을 가진 노동자는 현실적으로는 거의 존재하지 않는다는 점을 지적한다. ☞ ②
또한 저자는 무역 자유화의 과정에서 이득을 보는 사람들이 있다고 하더라도 그들의 이득이 손해를 보는 사람들이 입은 손해만큼 많지 않을 수도 있다고 한다. 무역자유화가 성장률을 감소시키고 경제를 위축시킬 수도 있기 때문이다. ☞ ③
그리고 특히 개발도상국에서는 보상 메커니즘이 매우 취약하고 제대로 작동하지 않기에 부의 격차가 확대될 수 있다고 경고하고 있다. ☞ ④
결국 저자는 자유무역주의 이론은 주어진 자원을 단기간에 어떻게 효과적으로 사용하는가와 관련된 이론이지, 장기적인 경제발전을 통해서 가용자원을 늘려가는 것과 관련된 이론은 아니라고 결론 내리고 있다. ☞ ①

Q8 '자본시장 개방' 압력에 대한 반박

정답 4

해설 특정 개발도상국의 경제전망이 밝으면 지나치게 많은 외국금융자본이 몰려와 자산버블을 형성하고, 상황이 악화되면 한꺼번에 철수하는 '쏠림 현상'은 경기 변동 증폭적 pro-cyclical행동이라 알려져 있다. ☞ ①

개발도상국 주식시장 가운데 가장 크다는 인도 주식시장도 미국 주식시장의 30분의 1도 안되며, 가나 주식시장은 미국 주식시장의 0.006%에 지나지 않는다. 한마디로 부자나라의 자산은 바다처럼 드넓은데, 그 중 조금만 잘못 움직여도 개도국 금융 시장을 휩쓰는 홍수가 될 수 있다. 따라서 개도국들이 1980년대 및 1990년대에 어쩔 수 없이 자본시장을 개방한 뒤로 금융위기를 훨씬 자주 경험하게 된 것은 우연의 일치가 아니다. ☞ ②

이전 가격 조작이란 법인세율이 가장 낮은 나라에서 활동하는 자회사가 가장 높은 이윤을 올릴 수 있도록 초국적 기업 자회사들끼리 서로 지나치게 싸거나 지나치게 비싸게 거래하는 관행을 말한다. ☞ ③

새로 공장을 짓고 노동자를 고용하는 직접투자를 '그린필드 투자'라고 하고, 이미 설립된 회사를 사들이는 투자를 '브라운필드 투자'라고 한다. 브라운 필드 투자는 새로운 생산설비와 고용을 추가하지 않으며, 국내의 다른 기업들에게 미치는 '전시효과 (새로운 경영기법이나 지식제공)' 등의 파급효과가 작다. ☞ ④

Q9 '공기업 민영화' 요구에 대한 반박

정답 1

해설 대리인 비용, 무임승차, 연성예산의 문제는 '상장된' 민간기업에는 모두 적용된다. 또한 연성예산의 경우 정치적으로 중요한 민간 기업들 역시 보조금은 물론이고, 심지어는 정부의 구제금융 조치까지 기대한다. (무기, 의료, 혹은 전후방 연계효과가 큰 금융, 고용이 많거나 선거에 영향을 미치는 기업들이 그러하다. 최근 월 스트리트와 자동차 빅3에 대한 보조금의 사례에서 잘 볼 수 있다.)
대리인 비용: 주인이 대리인의 행동을 통제하기 어려운 것을 대리인 문제라고 부르며, 부실한 관리에서 비롯된 수익감소와 같은 비용을 말함
무임승차: 고용된 경영자들을 제대로 감독함으로써 자신의 재산이 증대되는 효과가 미미하므로 다른 사람들의 노력의 결과에 묻혀 가려고 하는 태도
연성예산: 손실을 보거나 파산의 위기를 맞으면 정부로부터 추가 자금을 확보할 수 있는 경우

Q10 민영화로 인한 부작용 사례

정답 4

해설 핀란드의 공기업은 임업, 광업, 제철업, 운송 설비업, 제지 기계업, 화학 산업에

서 기술 현대화를 주도했다.

Q11 국영기업 성공 사례

정답 3

해설 놀랍게도 많은 수의 프랑스 대표 기업들은 한때 모두 국영기업이었다. 자동차의 르노, 통신설비의 알카텔, 유리 등 건축자재의 생 고뱅, 아르셀로에 합병되어 지금은 세계 최대의 제철회사인 아르셀로-미탈의 일부가 된 철강의 위지노르, 전자의 톰슨, 방산전자의 탈레스, 정유의 엘프 아키텐, 독일의 획스트와 합병하여 아벤티스를 형성했고 지금은 사노피-아벤티스의 일부인 제약의 롱플랑 등이 그것이다. 일본의 국철 JNR은 민영화로 대규모 적자 상태에서 흑자로 돌아섰다.

Q12 지적소유권 강화에 대한 부작용

정답 4

해설 미국에서는 특허심사에 있어 '참신성'과 '비자명성'의 검증이 무력화되는 추세여서 개발도상국들에 잘 알려져 있는 아이디어들, 그 나라에서는 너무나 오랫동안 잘 알려져 있었기 때문에 법적인 보호를 받지 못하는 아이디어들을 '도용'하도록 격려하고 있다. 이른바 '전통적 지식'의 도용이라고 알려진 행위이다. 관련사례로 상처를 낫게 하는 강황의 효능은 인도에서 이미 수천 년간 알려져 있던 것이지만 미국의 연구자가 강황의 의학적 활용과 관련해 특허를 신청하기도 했다.

Q13 선진국들의 지적재산권 무시 역사

정답 2

해설 존 로(John Law)는 스코틀랜드 은행가 가문에서 태어났지만 프랑스로 건너가 프랑스의 재무장관을 지낸 인물이다. 그는 프랑스의 기술을 향상시키기 위해 영국의 숙련 노동자 수백 명을 데려왔다. 당시에는 사람들이 공장 운영을 가능하게 하는 과학적 원칙들을 제대로 이해하지 못했기 때문에 일반적인 용어로 쉽게 기록된 기술교육조차 이루어질 수 없었다. 따라서 기계를 무리 없이 조작할 수 있는 숙련 노동자의 중요성은 더더욱 부각될 수밖에 없었다.

Q14 개도국에 물가안정은 중요한가

정답 3

해설 저자는 중앙은행의 독립성은 개도국에게는 적합하지 않은 통화주의자들의 거시경제 정책을 제도화하는 것이기 때문에 해서는 안 된다고 주장한다. 신자유주의 경제학자들은 개도국의 중앙은행에 물가안정을 최상의 목표로 부여해 놓고 독립성을 부여함으로써, 해당 국가의 눈치를 보지 않고 자신들의 논리를 관철시켜 나간다는 것이다. 개도국의 경우 중앙은행의 독립성 강화가 고성장과 저실업 같은 다른 바람직한 목표를 달성하는데 도움을 주지 못하는 것은 물론, 물가 상승률도 낮추지 못한다는 것을 고려한다면 더더욱 그러하다.

Q15 중앙은행의 독립성 문제

정답 4

해설 중앙은행은 금융부문의 의견에 귀를 기울여 필요하다면 제조업이나 노동자들을 희생하더라도 금융부문에 도움이 되는 정책을 실행하려는 경향이 있다. ☞ ①
신자유주의 경제학자들은 독립된 중앙은행의 구성원들은 선거구민들을 만족시키지 않아도 일자리가 보장된다는 점에서 더 나은 결정을 할 것이라고 주장하지만, 이를 뒤집어 생각하면 절대 다수의 국민에게 불이익을 주는 정책을 추구하고도 무사할 수 있다는 결론이 나온다. ☞ ②
미국정부는 자신들의 연방준비제도이사회 의장은 정기적으로 의회에서 심의를 받게 해놨으면서도, 개도국에게는 물가 상승률에만 전념하는 독립적인 중앙은행을 설립하도록 권장하고 있다. ☞ ③
물가 불안정은 임금 노동자들의 실질적인 소득을 감소시키므로 소득 불균형을 심화시킨다. ☞ ④

Q16 '재정 건전성(?) 강조'에 대한 비판

정답 2

해설 저자는 현재의 세입을 넘어서는 투자를 하여 경제 성장을 가속화시키기 위해서는 '미래 세대에게서 대출'하는 방식으로 적자예산을 운영하는 것이 합리적인 태도라고 말한다.
저자는 정부 예산이 균형을 유지해야 한다고 하더라도 IMF가 말하는 대로 매 회계년도에 맞출 것이 아니라, 경제 순환 주기에 맞추어야 한다고 주장한다.

Q17 '건전한 금융정책(?)'에 대한 비판

정답 3

해설 은행의 자본규모를 구성하는 자산 가치는 경제 호황기에는 올라가고 불황기에는 내려가는 특성이 있다. 따라서 호황기에는 자산가격의 급등으로 인하여 자기자본 규모가 팽창하기 때문에 보유자산의 가치가 본질적으로 증가하지 않았더라도 대출을 증가할 수 있고, 이는 경제를 과열시킨다. 반면 침체기에는 은행의 자본규모가 축소되기 때문에 대출을 회수해야 하며 이로 인해 경제는 더욱 하강하게 된다. 따라서 BIS비율을 강제하면 결국 경제순환주기를 증폭시키게 된다.
정부는 경기 조정자로서 침체기에 정부지출을 늘려야 한다. 하지만 지출을 대폭 증가하면 준비가 제대로 되지 않은 프로젝트로 돈이 흘러갈 가능성이 높고 반면 회복기에는 정치적 저항으로 정부 지출의 대폭적인 삭감이 어렵다. 그런데 BIS의 엄격한 적용은 변동성을 증폭시켜 이런 재정정책의 수행을 더욱 어렵게 만든다.

Q18 '건전한 금융정책(?)'에 대한 비판

정답 케인스주의-통화주의

해설 한국의 외환위기 때 IMF는 한국 정부가 적자 지출을 활용하지 못하도록 막았다. 1998년 처음 몇 달 동안 하루 100개 이상의 회사가 도산했고, 실업률은 거의 세 배가 되었다.

Q19 경제성장과 민주주의의 관계

정답 2

해설 경제의 탈정치화는 나쁜 사마리아인들의 주장이며 사실상 민주주의를 훼손하는 것이라고 저자는 주장한다. 그들은 민주적으로 선출된 정부의 손에서 모든 중요한 결정들을 빼앗아 '정치적으로 독립적인' 기구에 속하는 선출되지 않은 기술 관료들의 손에 넘김으로써 무력한 민주주의를 추구한다.

Q20 신자유주의의 정책실패를 정치와 문화에서 찾는 문제

정답 1

해설 대부분의 문화주의 이론에서는 문화가 대단히 부정확하게 정의된다. 넓은 범주 구분은 대단히 조악하기 때문에 분석에 아무런 의미를 갖지 못하며, 나라 하나만 해도 일반화 하기에는 너무 큰 문화단위이다. ☞ ①

예를 들어 '게으름'에 대해 살펴보자. 물론 가난한 나라에는 '게으르게 지내는' 사람들이 훨씬 많은 것은 사실이다. 그러나 그들이 열심히 일하는 것보다 빈둥대는 것을 더 좋아하는 문화를 갖고 있어서는 아니다. 게으르게 지내는 주된 원인은 가난한 나라의 경우 실업 혹은 준실업 상태에 있는 사람들이 많기 때문이다. 따라서 게으름은 문화가 아니라 경제적 조건에서 비롯된 결과이다. ☞ ③

아깝다, 이 책!

예전에 어느 일간지에 〈아깝다, 이 책!〉이라는 코너가 있었다. 대중의 주목을 받지 못해 소리 없이 나타났다 사라져간 비운의 책 중에서 정말 아깝다고 생각되는 책을 다시 조명하는 코너였다. 그 코너에 소개되었던 각각의 책에 대한 찬반을 떠나서, 제목에 전적으로 공감되었다.

지금도 서점에는 하루에도 수십, 수백여 권의 새로운 책이 쏟아져 나오고 있지만, 서점의 목 좋은 공간을 차지해서 대중의 이목을 끌 수 있는 행운의 책은 극소수이다. 마치 가난한 집안의 자제가 상대적으로 '기회'를 얻기 어려운 것처럼 불리한 여건의 책도 성공으로 향하는 기회를 잡기가 여간 어려운 것이 아니다. 책이나 사람이나 개천에서 용 나기란 점점 더 어려워 지는 듯 하다. 내용은 충실한데도 마케팅을 확실하게 해줄 출판사를 만나지 못했거나, 때를 잘못 만났거나, 편집자와 역자 등을 잘못 만나 독자들의 주목을 받지 못한 채 소리 없이 사라지는 책이 부지기수이기 때문이다.

한편 언론의 조명도 많이 받고 꽤 많이 팔린 책이라 하더라도 실

제로 저자의 주요 메시지가 제대로 전달되지 못하거나 왜곡되어 전
달되고 있는 책도 많다. 그러한 책 중에서 일부만을 골라 재조명하
고자 하는 노력이 너무 하찮은 시도라는 생각이 들기도 했지만, 단
몇 권의 책이라도 그 책의 숨은 가치를 발견하고 저자가 진정으로
독자들에게 전달하고자 했던 메시지를 제대로 안내하는데 성공했다
면 이 책은 미력하나마 소임을 다 했다고 위안을 삼을 수 있을 것이
다. 물론 독자들마다 책에 담긴 메시지의 해석이 다를 수 있으므로
이 책을 통해 소개된 책들에 관심을 가지게 된 독자분들은 꼭 구매
해서 일독해 보시기를 권한다.

　마침 이 책의 후기를 쓰고 있는 오늘, 신문에 다음과 같은 도서목
록이 뜬 기사가 실려 있었다. 다음의 도서목록이 무엇인지 한번 가
늠해 보시기 바란다. "해리포터와 죽음의 성물", "해리포터와 혼혈
왕자", "쇼퍼홀릭", "식객", "신의 물방울", "아내가 결혼했다", "시
간을 달리는 소녀", "냉정과 열정사이", "남한산성".

정답은 우리나라 유명 대학들의 대학생 인기 대출도서들이다. 초등학생도 아니고, 중고등학생도 아니며, 이름도 모를 지방대학의 도서대출 순위도 아니다. 서울대를 비롯한 명문 대학교 학생들이 가장 많이 빌려보는 책들이란다. 온통 소설 일색이며, 그나마 어린이들을 위한 소설이나 애니메이션으로 선보인 소설들도 포함되어 있다. 물론 소설이라고 가치가 없는 것은 아니지만, 생각의 폭을 넓혀주고 사고능력을 확대할 수 있는 책이 거의 포함되어 있지 않다는 사실이 못내 아쉽기만 하다. 공부에 지친 학생들이 소설로 피로를 풀고 위안을 삼기 위해서라고 생각은 하지만, 뇌라는 근육을 좀더 사용해야 하는 책들이 앞으로는 더 많이 대출순위에 오르길 기원해 본다.